D1618196

DAS ILLUSTRIERTE
TIBETISCHE
TOTENBUCH

DAS ILLUSTRIERTE TIBETISCHE TOTENBUCH

STEPHEN HODGE
und
MARTIN BOORD

KOMMENTIERTE
NEUAUSGABE

Urania Verlags AG

1. Auflage 2000

ISBN 3-908653-08-8

© Urania Verlags AG, CH-8212 Neuhausen am Rheinfall (deutsche Ausgabe), 2000
© Godsfield Press, Hampshire (englische Originalausgabe), 1999
© Stephen Hodge und Martin Boord (Text englische Originalausgabe), 1999

Titel der Originalausgabe: «The Illustrated Tibetan Book Of The Dead», Thorsons,
an imprint of HarperCollins*Publishers*, Hammersmith, London

Alle Rechte der Verbreitung, auch durch Funk, Fernsehen, fotomechanische Wiedergabe,
Tonträger jeder Art und auszugsweisen Nachdruck, vorbehalten.
Urania Verlags AG, CH-8212 Neuhausen am Rheinfall

Design: The Bridgewater Book Company

Bildredaktion: Vanessa Fletcher

Übersetzt aus dem Englischen von Martin Rometsch

Satz: Hissek Satz & Litho, D-78467 Konstanz/Bodensee

Printed in China

Inhalt

Einführung
6

Die grosse Befreiung durch Zuhören im Bardo des Todes
24

Das Anfangsstadium
26

Die Visionen in der Phase der höchsten Wirklichkeit
42

Die Phase vor der Wiedergeburt
114

Glossar
138

Empfehlenswerte Literatur
141

Nützliche Anschriften
143

Danksagungen
144

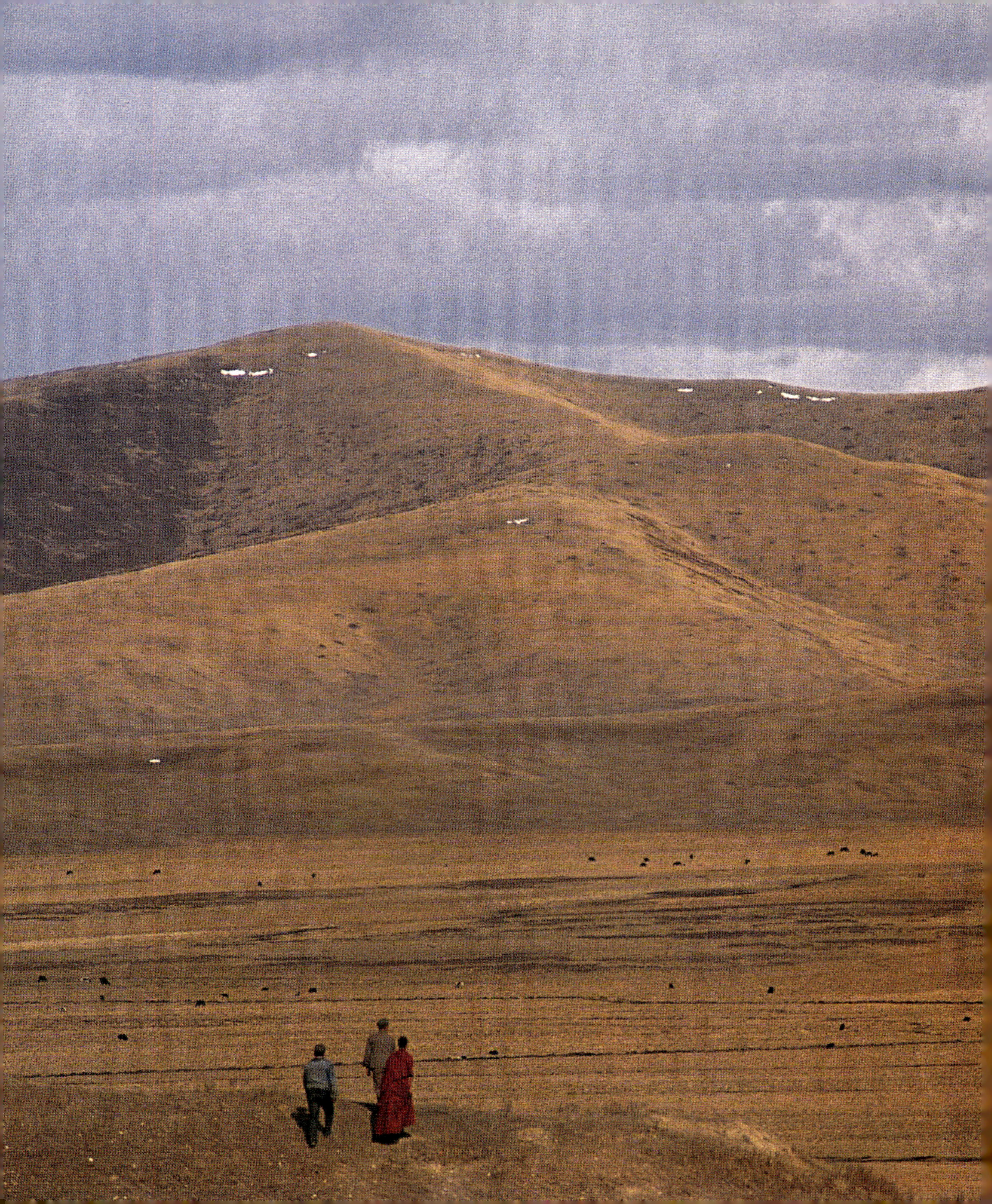

Einführung

Sterben, schlafen,
Schlafen, womöglich träumen – ja, da hakt's:
Denn in dem Schlaf des Tods, welch Träume kommen mögen,
Wenn man des Weltgeknäuls sich hat entfesselt,
Das gibt zu denken…

                         Shakespeare, Hamlet

SEIT URALTEN Zeiten glauben die weitaus meisten Menschen an ein Leben nach dem Tod. Erst in unserer Zeit haben Ungewißheit und Unglauben zugenommen. Dennoch stehen wir alle vor dem Zwiespalt, der Hamlet quälte, als er an Selbstmord dachte. Die meisten Menschen wissen nicht mehr, was sie glauben sollen. Das Leben ist schwer genug – aber was wäre, wenn nach dem Tod Schlimmeres auf uns zukäme? Alle Religionen, das Christentum ebenso wie der Buddhismus und die vielen kleinen, lokalen Kulte, bemühen sich um Antworten auf diese Frage. Sie alle behaupten zu wissen, was dem Tod folgt und welches Schicksal uns erwartet. Doch selbst Gläubige denken nicht gerne an ihren eigenen Tod. Es ist daher keine Überraschung, daß spirituelle Lehren nur auf ein geringes Interesse stoßen.

Ein moderner spiritueller Klassiker

Eine Lehre hat sich diesem Trend entzogen und hat in den letzten fünfzig Jahren wachsende Aufmerksamkeit erregt. Obwohl es in einer Kultur wurzelt, die vielen Menschen des Westens fremd ist, ist das Tibetische Totenbuch, vielleicht wegen seiner Details und seiner verführerischen Zuversicht, zu einem modernen spirituellen Klassiker geworden. Diese Ausgabe des Buches ist ein weiterer Versuch, die Lehren und Ratschläge des tibetischen Buddhismus verständlich zu machen. Dieses Werk kann auch uns helfen, wenn wir mit dem Tod konfrontiert sind – mit dem eigenen Tod oder auch mit dem Tod geliebter Menschen.

Am wichtigsten ist wohl die buddhistische Auffassung vom Wesen des Menschen und seiner Beziehung zu jener Freiheit und Weisheit, die man «Erleuchtung» nennt. Für den Buddhismus steht der Geist im Mittelpunkt. Er ist die Quelle aller Dinge, er kann sowohl erleuchtet werden als auch im

Kreislauf der Wiedergeburten gefangen bleiben. Der Geist in seiner reinsten Form, der Unwissenheit und negatives Denken überwunden hat, ist in der Tat erleuchtet und besitzt alle Eigenschaften, die wir gewöhnlich den Buddhas zuschreiben. Dieser reine, ursprüngliche Geist, der jeder Manifestation unseres egozentrischen Lebens vorausgeht, gehört der «wahren Wirklichkeit» an.

Leider ist dieser reine Geist meist tief in unserem Selbst verborgen. Da ein dichter Nebel aus spiritueller Unwissenheit ihn einhüllt, können die Aspekte der Erleuchtung, die er enthält – Mitgefühl, Einsicht, Duldsamkeit und so weiter –, sich nur verzerrt äußern. Darum wird aus Liebe Abhängigkeit, aus Mitgefühl Haß und Wut, aus Einsicht Dummheit und Voreingenommenheit. Diese und viele andere negativen Gefühle werden zur treibenden Kraft des stetig wachsenden Egoismus und der spirituellen Armut.

Der Buddhismus bietet viele Methoden an, mit denen wir negative Neigungen und somit auch die ihnen folgende böse Tat beseitigen können. Am wirksamsten ist diese Lehre über den Tod und das Sterben. Obwohl dieses faszinierende Buch auf den ersten Blick verwirrend erscheinen mag, zeigt es uns den Weg aus der Verwirrung. Man sagt, daß ein Mensch diese Anleitungen nur hören und sich zu Herzen nehmen muß, um sich von schmerzlicher Ungewißheit zu befreien, einen klaren Geist zu erwerben und Frieden mit sich selbst zu schließen.

Das Tibetische Totenbuch hilft uns, unseren reinen, ursprünglichen Geist zu erkennen und dadurch die Erleuchtung zu erlangen. Darum wendet dieses Buch sich ebenso sehr an die Lebenden wie an die Sterbenden und Toten. Es ist ein Buch des Lebens, ein Buch, das uns sagt, wie wir leben und wie wir sterben sollen.

DER BARDO

Anfang und Ende sind ein Teil des täglichen Lebens. Wenn ein Augenblick vergeht, tritt ein neuer an seine Stelle. Wir erwachen morgens, stehen auf, waschen uns, ziehen uns an, frühstücken und so weiter. Nichts steht still. Bewegung und Wandel gehören zum Leben, und dennoch neigen wir dazu, alles für fest und solide zu halten. Wir wollen glauben, daß alles, was wir sehen, echt und sicher ist, obwohl unsere alltägliche Erfahrung uns sagt, daß nichts unverändert bleibt und nichts von Dauer ist. Alles in unserer Umwelt fällt auseinander, und wir müssen uns sehr anstrengen, um es eine Zeitlang beisammen zu halten. Dies ist das große Geheimnis, um das es in diesem Buch geht. Der Zustand, den wir «Bardo» nennen (tibetisch für «Zwischenzustand»), ist der Augenblick des Wandels zwischen dem Ende einer Phase und dem Beginn einer neuen. Dies ist der einzige Zustand, den wir «wirklich» nennen dürfen. Es ist ein Zustand der Macht und des Potentials, in dem alles geschehen kann. Es ist der Moment zwischen den Momenten. Er kann uns lange vorkommen – wie der Moment zwischen Geburt und Tod –, aber er kann auch unmerklich kurz und flüchtig sein wie der Augenblick zwischen einem Gedanken und dem nächsten. In jedem Fall ist es ein Moment der großen Chancen – wenn wir ihn wahrnehmen. Wer ihn wahrnimmt, wird Yogi genannt. Ein solcher Mensch hält sein Schicksal selbst in der Hand. Er braucht keinen Priester, der ihn zum klaren Licht der Wahrheit führt, denn er sieht das Licht bereits in den Bardos zwischen allen anderen Zuständen. Der Yogi glaubt nicht daran, daß alles um ihn her fest und solide ist, sondern schreitet ruhig und gelassen durchs Leben und weiß, daß er jetzt kein Sklave mehr, sondern der Herr des Wandels ist. Wer das versteht und diese Erkenntnis anwenden kann, findet die Probleme und die

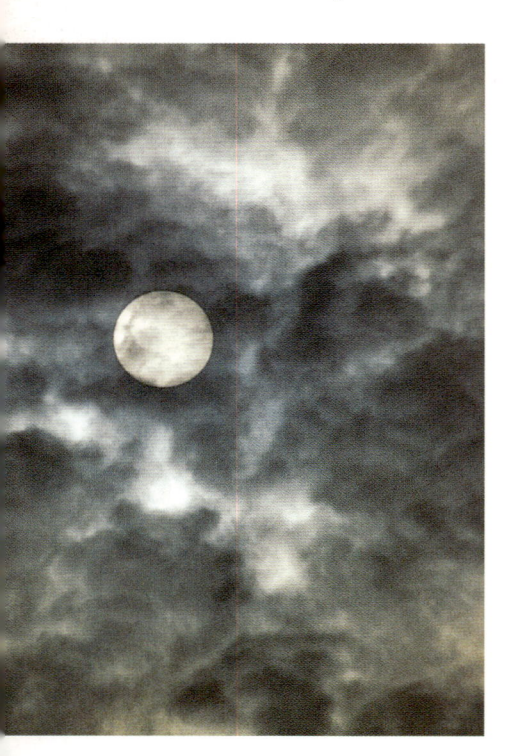

Ungewißheit des Lebens nicht lästiger als den Bardo des Anziehens am Morgen. Zwischen dem Aufwachen und dem Ankleiden müssen wir entscheiden, welche Kleider wir tragen wollen. Das ist alles. Es ist kein Problem.

Und zwischen jedem Ereignis und unserer Reaktion darauf liegt ein Zwischenzustand, der uns eine Wahl ermöglicht, wenn wir ihn bemerken. Wir sind nicht verpflichtet, aus Gewohnheit oder Voreingenommenheit zu handeln. Wenn wir gelernt haben, den Bardo wahrzunehmen, können wir uns immer neu entscheiden. Das ist die Kernbotschaft dieses alten, tiefgründigen Buches.

Die Drei Juwelen

Damit wir für die Lehren des Tibetischen Totenbuches – das ein buddhistisches Werk ist – ein wenig aufgeschlossener werden, rät es uns, den drei Juwelen zu opfern: dem Buddha, seiner Lehre (dharma) und seiner Gemeinde (sangha).

Wer kein Buddhist ist, sollte den spirituellen Symbolen seines Glaubens opfern oder zu ihnen beten. Das Prinzip bleibt dasselbe. Wenn wir zu Beginn des Prozesses ein wenig von uns selbst hergeben, glauben wir nicht mehr so hartnäckig an eine feste und solide Welt. Durch das Opfer an den Buddha, den vollkommen Erwachten, der die wahre Natur des Menschen durchschaut hat, bekräftigen wir, daß es möglich ist zu erwachen, und bereiten uns darauf vor.

Wenn wir der Wahrheit opfern, die der Buddha erkannt hat, erkennen wir an, daß sie unserem Leben Sinn gibt. Und wenn wir jenen opfern, die auf den Spuren des Buddha wandeln, bitten wir sie um Führung auf dem Weg zum Erwachen. Wir rufen also die drei Juwelen an, weil sie unser Streben nach Freiheit unterstützen.

DER BARDO ZWISCHEN DEN GEDANKEN

Sobald wir uns in einem empfänglichen Zustand befinden, versuchen wir in der Meditation einen Blick auf das klare Licht des Zwischenzustands zu werfen. Wir beobachten den bedeutungslosen Gedankenstrom im Geist, ohne daran festzuhalten. Wir lassen los. Ein Gedanke, den wir ignorieren, fließt einfach vorbei. Und da ist er, der Bardo zwischen den Gedanken – wie wundervoll!

Wenn wir zu üben beginnen, erhaschen wir von der Wirklichkeit nur einen kurzen Augenblick; dann überfluten erneut reizvolle Gedanken den Geist. Wir können ihnen nicht widerstehen, wir folgen ihnen hilflos und verwickeln uns abermals in ihre Fallstricke, bis die Gedankenkette irgendwann zu Ende ist. Dann ist sie plötzlich wieder da, diese kleine Lücke zwischen einem Gedanken und dem nächsten, dieser schwache Lichtstrahl ohne greifbare Form und ohne Inhalt.

Wenn wir weiter üben, können wir mehr von diesem klaren Licht sehen, und es wird für uns sehr wertvoll. Der klare, helle, stille Raum zwischen den Momenten der Sorge erfrischt uns mit Freude und

Frieden. Er erfüllt uns mit Energie, ohne uns in eine bestimmte Richtung zu drängen. Es bleibt uns überlassen, wie wir die neue Energie nutzen.

Der Bardo gibt uns lediglich die wundervolle Gelegenheit, uns von den negativen Gedankenmustern und Gewohnheiten zu lösen. Dies ist ein Zwischenzustand der Freiheit: der Freiheit, das Beste zu sein, was wir sein können, ohne Angst vor Zensur; der Freiheit, in Frieden mit uns selbst zu leben, in Harmonie mit unserer wahren Natur und als Meister unseres Schicksals.

Wenn wir so weit gekommen sind, braucht uns am Ende unseres Lebens niemand mehr aus dem Totenbuch vorzulesen. Für weniger Fortgeschrittene ist der Bardo zwischen Leben und Tod jedoch eine wichtige Phase, in der solche Gedanken überaus hilfreich sind.

Es ist schön, wenn in dieser Zeit ein Freund des Sterbenden da ist und ihm erklärt, was geschieht; denn für Unwissende kann das Sterben ein schreckliches Erlebnis sein.

Es ist ein großer Trost, wenn uns jemand an der Hand nimmt und uns den Weg durch die Angst zeigt.

Die Auflösung der fünf Elemente

Das erste Anzeichen für den nahen Tod ist der Zusammenbruch der fünf Sinne. Der Sterbende muß sich vielleicht übergeben oder verliert jeden Appetit. Der Körper wird langsam kalt, und der Sterbende will möglicherweise nicht den Kopf heben, weil er fürchtet zu fallen.

Ein erfahrener Helfer macht es ihm mit weichen Kissen bequem und beruhigt ihn. Er sieht, daß die fünf Elemente sich auflösen, und erklärt dem Sterbenden mit leiser, klarer Stimme, daß er sich schwer fühlt, weil das äußere Gewebe fester wird und schrumpft, und daß er das Gefühl hat, schwer zu sein und zu fallen, weil das Element Erde zerbröckelt.

Wenn die Erde zu Wasser wird, wird der Körper schlaff und die Muskeln werden schwach. Der Geist wird benommen. Flüssigkeit tritt aus Nase und Mund aus, und der Sterbende spürt brennenden Durst, weil das Element Wasser zu Feuer wird.

Dann hat er kurze Momente der geistigen Klarheit, weil das Element Feuer zu Luft wird. Die Temperatur fällt, und die Augen rollen und können die Freunde, die sich am Bett versammelt haben, nicht mehr erkennen.

Wenn das Element Luft sich in Raum auflöst, fällt das Atmen schwer, der Geist wird unruhig und der Körper schüttelt und windet sich. Dann scheint die Atmung aufzuhören, und der Sterbende sieht nebelhafte Formen, die Rauchwölkchen ähneln und dann verschwinden.

So lösen die Elemente sich auf. Bei plötzlichem Tod oder beim Tod fern der Heimat ist ein erfahrener Helfer schwer zu finden. Darum sollte jeder über diese Zeichen des Todes und ihre Bedeutung informiert sein.

Nun sieht der Sterbende die Farbe Rot, weil der rote Tropfen der Lebenskraft, den er bei der Empfängnis von der Mutter bekommen hat, seine Wohnung im Nabel verläßt und emporsteigt. Danach sieht er die Farbe Weiß, weil der weiße Tropfen, den er vom Vater erhalten hat, sein Heim in der Stirn verläßt und zu fallen beginnt. Die Atmung wird länger und langsamer, und der Sterbende hat das Gefühl, daß die Sonne untergeht. Dann wird alles dunkel und unbewußt.

Doch wenn der rote und der weiße Tropfen sich im Herzen begegnen, breitet sich plötzlich ein helles, heiteres Licht aus, und der Sterbende empfindet glückselige Gelassenheit. Dies ist der besondere Augenblick des Übergangs vom Leben in den Tod, der wundervolle Moment der Befreiung.

Aber für Menschen, die dieses strahlende Licht vorher nie gesehen haben, ist es sehr intensiv und erschreckend. Es ist wie ein Blitzlicht, das unmittelbar vor den Augen ausgelöst wird – wir schließen instinktiv die Augen und wenden uns ab. Für viele Menschen ist das Licht unerträglich hell; aber es erlischt in Sekundenbruchteilen.

Das Tibetische Totenbuch berichtet von den Erfahrungen, die Verstorbene in den Tagen nach dem Tod machen. Dabei handelt es sich jedoch nicht um normale Tage. Ein Tag ist hier die Zeit, die ein Mensch ruhig und konzentriert in der Meditation und somit außerhalb der Dualität verbringen kann.

Wenn wir nie meditiert haben, dauern die 49 Tage, die traditionell als Zeitspanne zwischen Tod und Wiedergeburt genannt werden, in Wirklichkeit nur einige Minuten. Das Licht und die Visionen rasen so schnell vorbei, daß wir sie kaum wahrnehmen.

Allerdings wissen wir nicht genau, wie lange ein Mensch tatsächlich im Bardo-Zustand zwischen Tod und Wiedergeburt bleibt, und darum sollten wir den Text immer wieder vorlesen, denn dieser Akt der Güte bringt uns großen Verdienst, und damit können wir dem Verstorbenen auf seiner Reise wirklich helfen.

Der tibetische Buddhismus ist der Auffassung, daß alle Lebewesen, auch Tiere, im Augenblick des echten Todes das strahlende Licht sehen, unabhängig vom Glauben oder von der Religion. Das bestätigen die Berichte der Menschen im Westen, die ein Nahtod-Erlebnis hatten. Allerdings dürfen wir beides nicht *gleichsetzen; denn diese Menschen waren nicht wirklich tot und haben vielleicht nur das erlebt, was dem wahren Tod vorausgeht. Der Tod, so sagt man, tritt erst ein, wenn Blut und Lymphe aus der Nase tröpfeln.*

Die Visionen

Wenn der Sterbende das strahlende Licht nicht als Augenblick der Befreiung erkennt, sieht er verschiedene spirituelle Wesen in einer Folge von Visionen. Alle sehen sie, zumindest flüchtig, abgesehen von großen Yogis, die sich im strahlenden Licht selbst befreien können. Man sagt auch, daß sehr böse Menschen diese Visionen nicht haben, weil sie sofort nach dem Tod in die Hölle kommen.

Da dieses Buch buddhistischen Ursprungs ist, werden die Geistwesen als Buddhas und ihre Diener beschrieben. Oft nennt man sie auch «Gottheiten», wenn auch nicht im üblichen Sinne. Denn sie sind keine echten Götter, sondern verkörpern in der tibetischen Kultur die einzelnen Facetten der Erleuchtung in unserem eigenen Geist. Insofern sind sie Projektionen, sowohl die friedfertigen, liebevollen Gestalten als auch die zornigen, furchterregenden.

So wie wir zu Lebzeiten unseren Glauben und unseren Wahn auf unsere Umwelt und auf andere Menschen projizieren, erscheinen die wahren Eigenschaften unseres ursprünglichen Geistes in der Form, die wir ihnen selbst geben. Tibetische Lamas, die mit Menschen aus dem Westen arbeiten, bestätigen, daß die Visionen der religiösen Symbolik entstammen, mit der wir vertraut sind. Christen sehen zum Beispiel Jesus und seine Heiligen oder Teufel und Dämonen.

Wer dieses Buch liest und kein Anhänger des tibetischen Buddhismus ist, sollte daran denken und die Metaphorik bei Bedarf etwas verändern. Die Aufgabe bleibt die gleiche: die Visionen als Produkte des eigenen Geistes zu erkennen. Dann werden wir frei und glückselig.

Die sechs Bereiche der Existenz

Wenn ein Mensch Visionen hat, aber sie nicht als solche erkennt, tritt er unweigerlich in den Prozeß der Wiedergeburt ein. Diese Idee finden wir nicht nur im Buddhismus, sondern in vielen anderen Religionen. Das Buch enthält zahlreiche Anweisungen, die dem Toten helfen sollen, diese Folgen zu vermeiden. Selbst wenn er wiedergeboren wird, zeigt ihm das Buch, wie er eine Geburt in Existenzbereichen verhindern kann, die spirituelles Wachstum unmöglich machen. Traditionell werden sechs Bereiche oder Ebenen der Existenz unterschieden.

Ein negativer Aspekt führt zu einer Wiedergeburt im dem Bereich, der diesem Aspekt am genauesten entspricht. Der Stolze wird als Gott wiedergeboren, der Eifersüchtige als Halbgott, der an der Welt Haftende als Mensch, der Dumme als Tier, der Gierige als hungriger Geist und der Hassende als höllisches Wesen. Diese Existenzbereiche sind nicht wörtlich gemeint. Wir können sie als psychische Zustände betrachten; denn alles wird vom Intellekt geformt. Ein «Gott» ist daher ein Mensch, der im Luxus lebt, und so weiter.

Allein die Ebene der menschlichen Existenz, die ausgewogen ist – ohne zuviel Leid und ohne zuviel Bequemlichkeit –, macht spirituelles Wachstum möglich. Zuviel Leid hält uns davon ab, an etwas anderes zu denken, während zuviel Bequemlichkeit und Glück den Geist stumpf machen und das Interesse am Wandel abtöten. Wenn der Verstorbene eine Wiedergeburt nicht verhindern kann, wird er daher angewiesen, nach einer neuen Geburt als Mensch zu streben.

Die praktische Anwendung der Anleitungen

Das Tibetische Totenbuch ist vor allem eine Anleitung, die es uns ermöglicht, den Prozeß des Sterbens zu bewältigen, ohne den vielen Gefahren zu erliegen. Wir können einem Sterbenden mit diesem Buch am besten helfen, wenn er seinen Inhalt bereits kennt.

Die Tradition verlangt, daß Menschen, die diese Lehren zu Lebzeiten befolgen wollen, initiiert werden müssen. Erst dann dürfen sie die Meditationstechniken anwenden, die der Text beschreibt. Voraussetzung dafür ist eine jahrelange Vorbereitung durch Meditieren und Visualisieren.

Es gilt als gefährlich, diese Methoden ohne die Anleitung eines qualifizierten Meisters zu benutzen. Einige Techniken eignen sich jedoch auch für Anfänger.

Die wichtigste Voraussetzung für ein spirituelles Leben ist moralisches Denken und Handeln. Für manche Menschen kommen auch Gebete und Rezitationen von Mantras, d.h. Macht- oder Zauberworten, in Betracht. Wer moralisch lebt und seelisch stabil ist, kann die einfachste Form der buddhistischen Meditation praktizieren.

MEDITATION FÜR ANFÄNGER

Wenn Sie zu meditieren beginnen, sollten Sie eine feste Tageszeit dafür reservieren und etwa dreißig Minuten üben. Ein ruhiger, gefälliger Raum mit religiösen Symbolen ist sehr hilfreich.

Setzen Sie sich bequem und mit geradem Rücken hin, entweder mit gekreuzten Beinen oder auf einen Stuhl. Schließen Sie die Augen halb, und schauen Sie nach unten auf einen Punkt, der etwa eineinhalb Meter entfernt ist. Konzentrieren Sie sich nun auf die Atemluft, die in die Nasenlöcher und aus ihnen heraus strömt. Am besten zählen Sie die Atemzüge – «eins» für das Einatmen, «zwei» für das Ausatmen und so weiter bis zehn. Dann fangen Sie von vorne an und setzen diesen Rhythmus fort bis zum Ende der Meditation.

Anfangs läßt der Geist sich sehr leicht ablenken; er schweift ständig ab und folgt unwichtigen Gedankenketten. Seien Sie darüber nicht wütend oder enttäuscht – das ist ganz natürlich. Nehmen Sie einfach zur Kenntnis, daß es geschieht, und beginnen Sie erneut, die Atemzüge zu beobachten und zu zählen.

Wenn Sie sorgfältig und regelmäßig üben, werden Ihnen bald einige Änderungen in Ihrem täglichen Leben auffallen: Der Geist wird klarer und ruhiger und läßt sich nicht mehr so leicht von negativen Gedanken und Gefühlen trüben. Mit der Zeit können Sie zu anderen Meditationsformen übergehen, zum Beispiel zu jener, welche die Einsicht fördert. Diese Techniken können Sie jedoch nicht aus einem Buch lernen, denn sie müssen auf Ihre Fähigkeiten und Ihre Persönlichkeit abgestimmt sein. Dafür brauchen Sie also fachkundige Anleitung.

Die Geschichte des Textes

Dieses Buch ist eine gekürzte und vereinfachte Fassung des Werkes, das im Westen als Tibetisches Totenbuch populär geworden ist. Ich bemühe mich, den Text für Menschen zugänglich zu machen, die mit dem Buddhismus wenig vertraut sind. Manche Leute werden deswegen die Stirn runzeln. Aber der Originaltext enthält vieles, was eine lebenslange Ausbildung und ein tiefes Verständnis des Buddhismus voraussetzt. Darum hoffe ich, daß diese Version jenen Menschen gute Dienste leistet, die nicht das Glück hatten, sich ein Leben lang in die buddhistische Lehre vertiefen zu können. Selbst diesem vereinfachten Text fehlt jedoch nichts, was wichtig ist. Die entscheidenden Elemente werden wie im tibetischen Text dargestellt, jedoch ohne die ablenkenden dogmatischen Erörterungen und komplizierten fortgeschrittenen Lehren. Daher eignet sich dieses Buch für eine größere Zahl von Menschen, auch für Nicht-Buddhisten. Wenn Sie bereits mit den Lehren des tibetischen Buddhismus vertraut sind und sie praktizieren, müssen Sie selbst entscheiden, ob Sie dieses Buch benutzten oder eine der vollständigen Übersetzungen, die ebenfalls erhältlich sind.

Genau genommen, gibt es kein einzelnes Werk mit diesem Titel, sondern einen gewaltigen Korpus von Lehren und Schriften, die auf die Situation der Sterbenden und Toten eingehen. Dieses Buch trägt den Titel Große Befreiung durch Zuhören im Bardo des Übergangs und stammt aus einer umfangreichen Sammlung von mehreren hundert Texten mit dem Titel Zyklus der friedlichen und zornigen Gottheiten. Man sagt, sie gingen auf Padmasambhava zurück, einen der ersten buddhistischen Meister, die im 8. Jahrhundert Tibet besuchten. Diese und andere Texte, die Verfolgung und Chaos voraussagen, wurden als religiöse Schätze an verschiedenen Orten Tibets verborgen. Als wieder Frieden herrschte, fanden hellseherisch begabte Mystiker diese Schriften und nutzten sie zum Wohle der Menschen.

Einführung

Unser Buch wurde von Karma Lingpa im 14. Jahrhundert in einer Höhle des Gampogebirges in Zentraltibet wiederentdeckt. Obwohl diese Sammlung viele Aspekte des Buddhismus behandelt, geht es im hier abgedruckten Text hauptsächlich um die Erlebnisse in der Übergangsphase des Sterbens, des Todes und der Wiedergeburt. Die Sammlung enthält weitere ähnliche Werke, die sich mit drei anderen Bardos befassen: mit dem Leben, dem Träumen und der Meditation. Hoffen wir, daß auch sie eines Tages übersetzt werden. Bis dahin bleibt uns diese Große Befreiung durch den Bardo des Sterbens, des Todes und der Wiedergeburt. Das ist Tibets Geschenk für die Menschheit. Betrachten wir es als wertvollen Schatz, den wir sinnvoll nutzen müssen!

Stephen Hodge

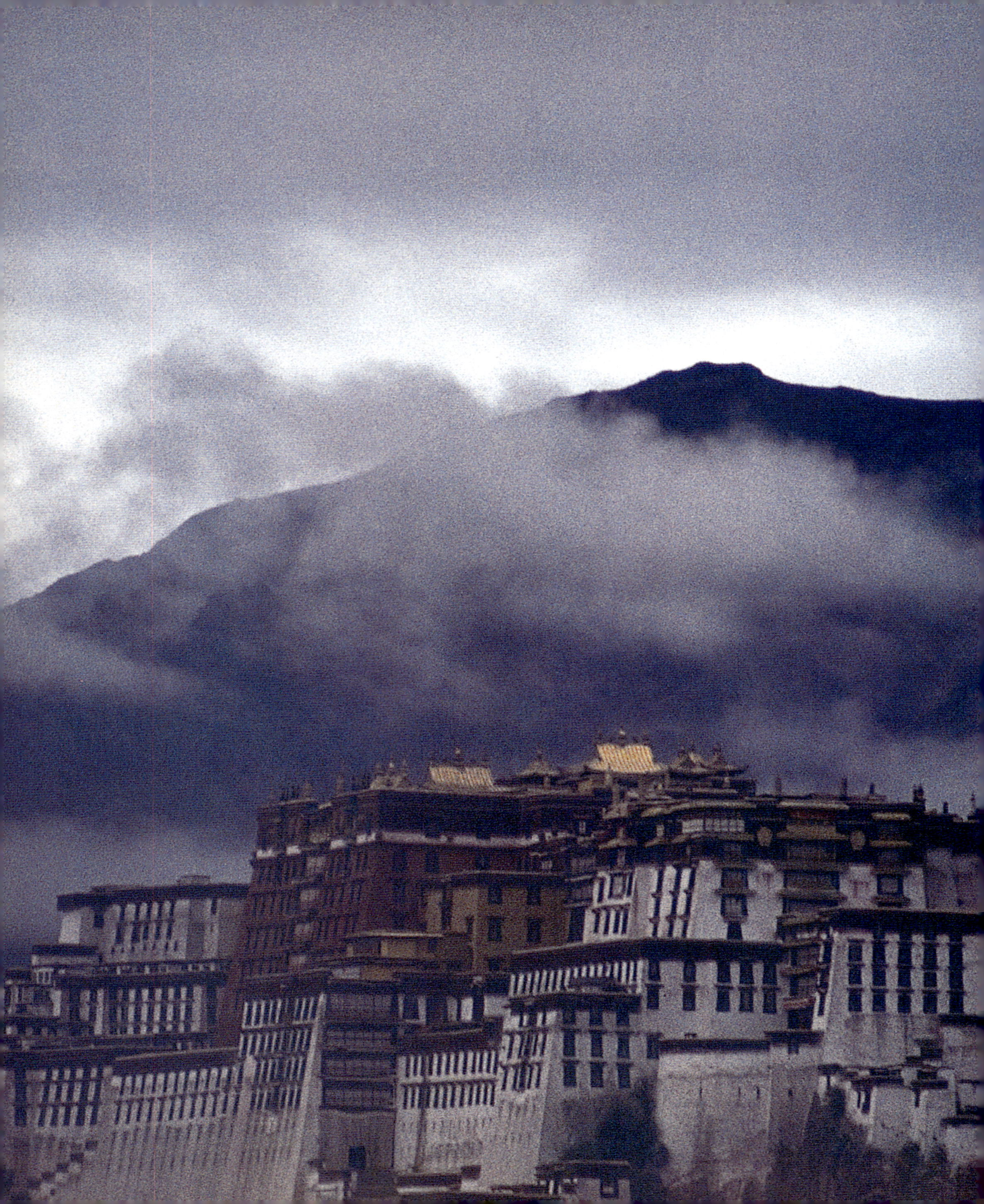

Die grosse Befreiung durch Hören im Bardo des Todes

—— ◆ ——

DIESE GROSSE Befreiung durch Zuhören ist eine Methode, durch die ganz gewöhnliche Menschen, die einem spirituellen Weg folgen, im Bardo des Sterbens und des Todes befreit werden können. Obwohl die Menschen heute eher daran gewöhnt sind, Wissen durch das geschriebene Wort zu erwerben, legen die meisten Kulturen des Ostens, auch Tibet, großen Wert auf die mündliche Weitergabe von Weisheit. Die Bedeutung, die wir dem geschriebenen Wort beimessen, zeigt sich im populären, aber eigentlich falschen Titel dieses Werkes im Westen: Das tibetische Totenbuch. Im Gegensatz dazu kennen die Tibeter es als Die Große Befreiung durch Zuhören. Gewiß, wenn ein Helfer diesen Text nutzt, um einem Sterbenden oder Toten zu helfen, liest er ihn laut vor. Aber im Alltag ist es üblich, andere durch das gesprochene Wort anzuleiten, weil es sich besser dafür eignet, Verständnis und spirituelles Wachstum zu fördern. Im Gegensatz zum geschriebenen Wort können wir eine mündliche Anleitung nämlich den Bedürfnissen des Empfängers anpassen.

Das Anfangsstadium

VIELE MENSCHEN denken nicht ernsthaft über ihren Tod nach, solange sie gesund sind, und wenn sie krank und alt sind, ist es oft zu spät. Aber es ist keineswegs morbid, sich auf den Tod vorzubereiten, solange man die Gelegenheit dazu hat – es ist ein Zeichen für spirituelle Reife und Weisheit.

Die Lehren in diesem Buch können die Grundlage für die Meditation während des ganzen Lebens sein, und viele Einsichten fördern das Verständnis der seelischen Kräfte des Menschen. Je vertrauter wir mit diesen Vorgängen sind, desto besser verstehen wir unsere Erlebnisse während des Sterbens und nach dem Tod.

Wenn Sie mit diesem Buch einem Sterbenden helfen wollen, müssen Sie seinen Inhalt gut kennen. Lesen Sie es immer wieder laut, flüssig und klar, und denken Sie dabei über seine Bedeutung nach. Wenn Sie den Text rezitieren, dürfen Sie nie vergessen, daß Sie ihn für einen Sterbenden oder Toten sprechen.

Sollten Sie Probleme mit dem Tod haben, müssen Sie sich zuerst damit auseinandersetzen. Alle negativen oder egoistischen Gedanken stören Sie bei der Erfüllung der selbst auferlegten Pflicht. Seien Sie furchtlos und zuversichtlich, damit Sie den Sterbenden inspirieren.

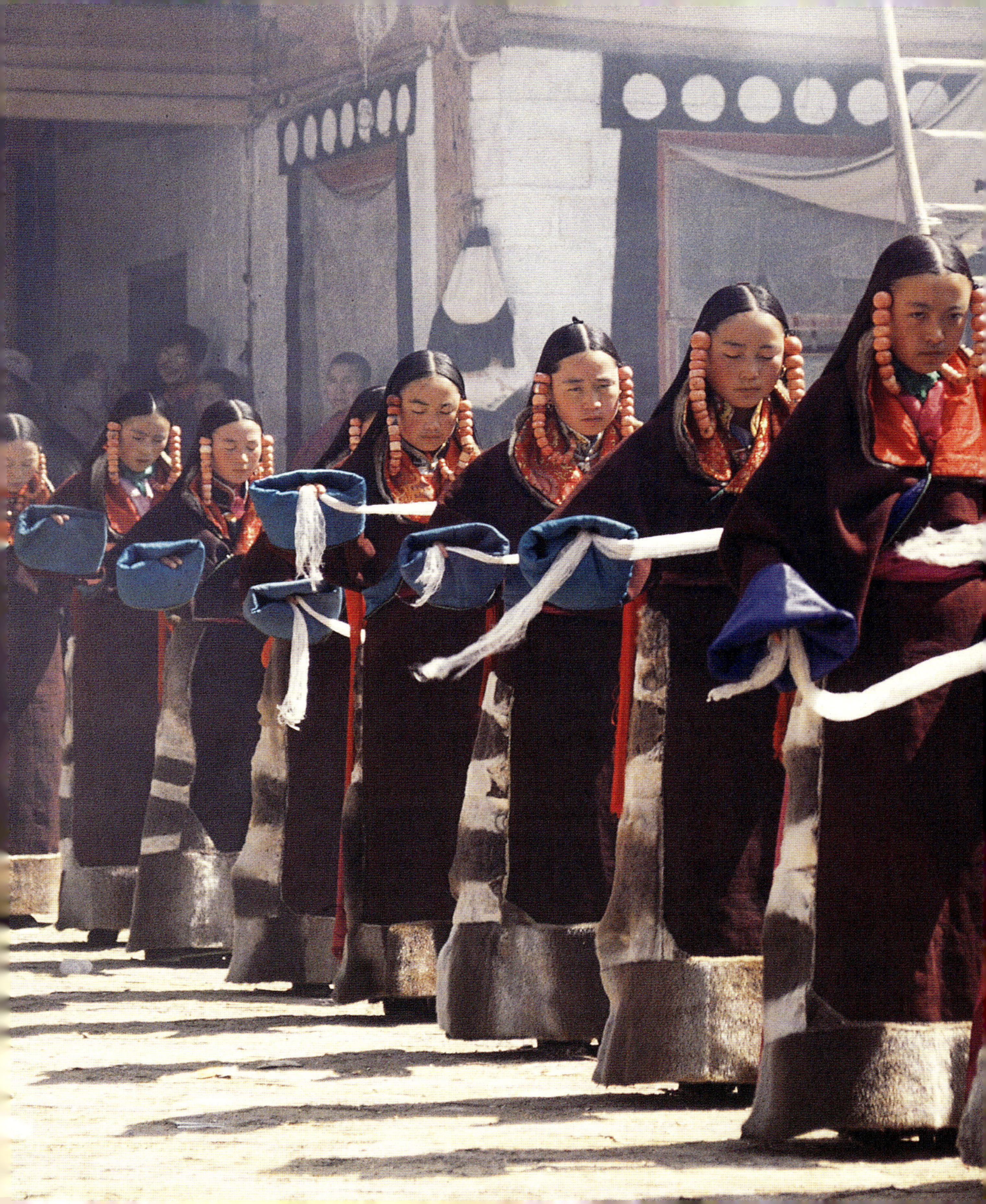

Die einleitende Unterweisung

KONZENTRIEREN SIE SICH während des Sterbevorgangs auf diese *Große Befreiung durch Zuhören*. Ein Kenner des Buches oder auch ein guter Freund sollte dabei der Helfer sein und den Text mit ruhiger, klarer Stimme neben dem Kopf des Sterbenden oder Toten vorlesen.

Wenn kein Leichnam mehr da ist, setzt der Helfer sich auf das Bett oder in den Sessel des Verstorbenen, spricht in ernsthaftem Ton und lockt so den Geist des Toten herbei. Während er liest, visualisiert er den Toten. Die Familie und enge Freunde des Toten sollten schweigen; denn Weinen und Klagen stören den Geist des Verstorbenen.

Wenn der Leichnam noch da ist, liest der Helfer den Text drei- oder siebenmal und flüstert ihn in das Ohr des Sterbenden, und zwar nachdem die äußere Atmung, aber noch nicht die innere, subtile Atmung aufgehört hat.

Kommentar

Die *Große Befreiung durch Zuhören* ist vor allem ein Leitfaden für jene, die zwischen Sterben und Wiedergeburt verwirrt sind. Viele Ratschläge sind aber auch auf das tägliche Leben anwendbar.

Jeder, der den spirituellen Weg geht und meditiert, kann von diesem Buch profitieren.

•

Während unseres Lebens brauchen wir oft einen spirituellen Freund, der uns hilft, wenn wir vom Weg abkommen.

Wenn wir regelmäßig meditieren oder beten, wird die Umwelt sehr wichtig. Im Zimmer sollte sich nichts befinden, was uns nervös macht; denn wir müssen uns konzentrieren und die Lehren verstehen. Der Ungeübte läßt sich leicht ablenken und fällt negativen Gedanken und Gefühlen zum Opfer.

•

Für den Sterbenden ist es hilfreich, wenn er in einem Zimmer ruht, das einem Meditations- oder Gebetsraum gleicht. Der Text legt großen Wert darauf, daß ein Helfer dem Sterbenden die Anleitungen vorliest.

Wenn wir es für angebracht halten, können wir Kerzen anzünden, Weihrauch verbrennen und Opfer darbringen, etwa Teller mit schmackhaften Speisen. Alles sollte ruhig und friedlich sein, damit der Helfer sich ganz auf das Vorlesen konzentrieren kann.

Wenn der Leichnam nicht mehr da ist, leistet ein Bild des Toten gute Dienste.

DAS STRAHLENDE LICHT ERKENNEN, DAS WÄHREND DES STERBENS AUFLEUCHTET

Der Helfer liest dem Sterbenden zunächst die folgenden Zeilen vor:

Höre, [Name]! In diesem Augenblick müßtest du einen Weg sehen.

Sobald du zu atmen aufhörst, siehst du das ursprüngliche, strahlende Licht. Dies ist die erste Phase des Sterbens, die dein Lehrer dir während deines Lebens erklärt hat. Es ist die wahre Wirklichkeit, leer und schmucklos wie der Raum.

Dies ist dein ursprünglicher Geist, unbefleckt und schmucklos, ohne Zentrum und ohne Grenzen, leer und strahlend.

Erkenne diesen Zustand als das, was er ist, und tritt in ihn ein!

Wenn es soweit ist, helfe ich dir, ihn zu erkennen.

Der Helfer flüstert diese Worte immer wieder ins Ohr des Sterbenden, um sie ihm einzuprägen, bis die sichtbare äußere Atmung aufhört. Kurz vor dem Atemstillstand dreht der Helfer den Sterbenden so auf die Seite, daß er die Haltung eines schlafenden Löwen einnimmt. Dabei liest er den Text vor, damit der Sterbende weiß, was folgt. In diesem Augenblick erfahren alle Wesen die wahre Wirklichkeit, die ohne Falsch ist. Dies ist die erste Phase des Sterbens, das strahlende Licht der Wirklichkeit. Sie dauert so lange, bis nach der äußeren Atmung auch die subtile innere Atmung aufhört. Normalerweise nennen wir diesen Zustand «unbewußt». Seine Dauer hängt davon ab, wie gut oder böse das Leben des Sterbenden war und wie gut er meditiert hat. Die meisten Schriften sind jedoch der Auffassung, daß diese unbewußte Phase viereinhalb Tage dauert. Darum sollte der Helfer dem Toten so lange helfen, die Natur des strahlenden Lichts zu erkennen.

Kommentar

Alle Religionen des Ostens legen großen Wert auf die Haltung beim Meditieren oder Beten. Am besten setzen Sie sich mit halb geschlossenen Augen und geradem Rücken im Lotussitz hin und senken den Kopf ein wenig. Atmen Sie ruhig und natürlich; denn die Atmung beeinflußt den Geist.

Wenn Sie zum erstenmal der spirituellen Realität begegnen, sei es in der Meditation, sei es beim Sterben, ist der Geist meist stur und will nur an die Realität des täglichen Lebens glauben. Es ist schmerzhaft zu erleben, wie unsere Welt sich auflöst, wenn die Sinne sich auflösen, die ihr Fundament bilden. Darum ist eine bequeme Lage so wichtig.

Die beste Position für den Sterbenden ist die «Haltung des schlafenden Löwen». Sie beruhigt den aufgeregten Geist und hilft dem Sterbenden, sich besser zu konzentrieren.

•

Wir haften ein Leben lang an den Sinnesobjekten und stehen unter dem Einfluß des Begehrens, der Furcht, der Abscheu und der Verwirrung. Das bereitet uns nicht auf das spirituelle Wachstum vor, und erst recht nicht auf die Wirklichkeit des Todes.

Es kann daher erschreckend sein, die Sinne und den Kontakt mit ihren Objekten zu verlieren. Wenn der Geist sich nicht mehr hinter Objekten verstecken kann, gerät er vielleicht in Panik. Wenn die Gefühle bloßliegen, fühlt der Sterbende sich nackt und verletzlich.

Spirituelle Freunde und Helfer müssen diese Furcht lindern und den Sterbenden aufmuntern.

Wenn der Sterbende dazu in der Lage ist, sollte er selbst die Anweisungen befolgen, die er früher gelernt hat. Ist das nicht möglich, setzt sich ein geschulter Helfer oder ein guter Freund neben ihn und liest ihm mit klarer Stimme die Zeichen des Todes vor:

> Das Trugbild, das du jetzt siehst, ist das Zeichen dafür, daß das Element Erde sich in Wasser auflöst.
> Der Rauch, den du jetzt siehst, ist das Zeichen dafür, daß das Element Wasser sich in Feuer auflöst.
> Die Glühwürmchen, die du jetzt siehst, sind das Zeichen dafür, daß das Element Feuer sich in Wind auflöst.
> Die flackernde Kerzenflamme, die du jetzt siehst, ist das Zeichen dafür, daß das Element Wind sich in Bewußtsein auflöst.
> Der weiße Mondhimmel, den du jetzt siehst, ist das Zeichen dafür, daß das Bewußtsein sich in «Erscheinung» auflöst.
> Der rote Sonnenhimmel, den du jetzt siehst, ist das Zeichen dafür, daß «Erscheinung» sich in «Zunahme» auflöst.
> Der dunkle Nachthimmel, den du jetzt siehst, ist das Zeichen dafür, daß «Zunahme» sich in die «Nähe des Ziels» auflöst.
> Die Dämmerung, die du jetzt siehst, ist das Zeichen dafür, daß die «Nähe des Ziels» sich in das strahlende Licht auflöst.

Kommentar

Die «Zeichen des Todes» ähneln sehr denen, die erfahrene Meditanden erleben, wenn sie die Grenzen der alltäglichen Welt überschreiten. Unerfahrene finden dieses Erlebnis eher erschreckend, denn ihre einst so solide Welt gleicht jetzt einem Traumbild.

Wenn der Gesichtssinn schwindet, kann der Sterbende die Augen nicht mehr öffnen oder schließen, und der Körper wird schwach, müde und schwer. Die Gesichtsfarbe wird stumpf, und der Sterbende sieht ein verschwommenes, bläuliches Trugbild.

Wenn das Gehör schwindet, hört das monotone Murmeln im Hintergrund auf, und die Ohren hören nichts mehr. Die Körperflüssigkeiten trocknen aus und der Sterbende sieht Rauchwolken in den Himmel steigen.

Wenn der Geruchssinn schwindet, wird die Einatmung schwach und die Ausatmung stark. Der Sterbende nimmt keine Gerüche mehr wahr und sieht Funken vor den Augen.

Wenn der Geschmackssinn schwindet, wird die Zunge dick und füllt den Mund. Sie wird an der Wurzel blau und verkürzt sich. Die Atmung hört ganz auf, alle körperlichen Empfindungen schwinden. Der Sterbende sieht eine kurze Lichtexplosion wie das letzte Aufflackern einer Kerze, kurz bevor sie erlischt.

Man sagt, der Mensch besitze feinstoffliche Kanäle, durch die subtile Energie ströme. Wenn das Bewußtsein schwächer wird, vermischen sich die subtilen Energien der rechten und linken Kanäle im Scheitel. Sie fließen in den mittleren Kanal und geben eine weiße Energieperle ab, die vom Vater stammt. Die Perle fällt, und der Sterbende sieht die Farbe Weiß. Das wird «Erscheinung» genannt, weil es wie helles Mondlicht erscheint, aber auch «Leere», weil das Bewußtsein nun sehr schwach ist.

Wenn die subtilen Energien in den unteren Teilen des rechten und linken Kanals sich an der Basis des Rumpfes vermischen und in den mittleren Kanal fließen, steigt eine rote Energieperle, die von der Mutter stammt, langsam nach oben. Der Sterbende sieht ein rotes Licht, das «Zunahme der Erscheinung» heißt, weil es noch heller ist. Man nennt es auch «zunehmende Leere», weil das Bewußtsein jetzt noch schwächer ist.

Wenn die oberen Energien sinken und die unteren aufsteigen, begegnen sich die weiße und die rote Energieperle im Herzen und der Sterbende sieht völlige Schwärze, die jedoch hell ist und glüht. Man nennt sie «Nähe des Ziels», weil das Ende nahe ist, aber auch «große Leere», weil sie keinerlei sonstige Merkmale hat.

Wenn alle inneren Vorgänge beendet sind, löst sich alles, was vom subtilen Geist übrig ist, in das strahlende Licht auf. Dieses Licht können wir sowohl im Tod als auch in der Meditation sehen.

WENN DIESER PROZESS beinahe vollendet ist, ermutigt der Helfer den Sterbenden, sich auf das folgende Ziel zu konzentrieren:

Jetzt befindest du dich in der Phase des sogenannten Sterbens. Fasse nun diesen Vorsatz:

«Ich muß das strahlende Licht des Sterbens als Verkörperung der Wirklichkeit erkennen und in diesem Zustand das höchste Ziel erreichen, die spirituelle Struktur der Existenz.

Dann werde ich zum Wohle aller Wesen tätig sein. Selbst wenn mir das nicht gelingt, werde ich die Phase des Sterbens als das durchschauen, was sie ist, und die Verkörperung der spirituellen Struktur der Existenz, die mit dem Sterben verbunden ist, klar und deutlich erkennen.

Dann werde ich zum Wohle aller Wesen tätig sein, deren Zahl so groß ist, und ich werde in jeder Gestalt erscheinen, die notwendig ist, um allen Wesen zu helfen.»

An diesem festen Entschluß mußt du festhalten, und wenn du nun noch einmal an die Anweisungen denkst, die du vorhin erhalten hast.

Der Helfer instruiert den Sterbenden ruhig und klar, wobei er möglichst nahe an seinem Ohr spricht und ihn immer wieder daran erinnert, was geschieht.

Kommentar

Als der Buddha in Indien zu lehren begann, verkündete er zuerst die Wahrheit vom Leiden. Unser Leben ist von Enttäuschung, Unzufriedenheit und Elend geprägt. Selbst wenn wir uns freuen, während wir im Gefängnis der negativen Gefühle sitzen, ist dieses flüchtige Gefühl wertlos im Vergleich zur Glückseligkeit des wahren Erwachens. Es ist jedoch schwierig, aus diesem Verließ auszubrechen, solange die Objekte des Begehrens und der Abneigung uns mit ihrer Scheinrealität locken.

Beim Sterben fällt die Entsagung uns leichter. Die Illusion der soliden Wirklichkeit ist geschwunden, und die alten Erinnerungsmuster haben noch nicht begonnen, den Sterbenden mit Trugbildern einer soliden Welt zu verwirren, in die er wieder eintauchen und vom Weg abirren könnte.

Wenn der subtile Geist dem strahlenden Licht begegnet, bietet sich ihm eine einzigartige Chance. Alle Bindungen an das Leben sind durchschnitten, und der Geist ist, wenn auch nur für kurze Zeit, nackt und völlig frei.

NACHDEM DIE ATMUNG aufgehört hat, liest der Helfer diese Zeilen:

Höre, [Name]! Jetzt siehst du die reine, strahlende Wirklichkeit – sie ist für dich da. Erkenne sie!

Dieser reine, ungeformte Aspekt deines Bewußtseins, diese Reinheit ohne Form und Substanz, ohne Eigenschaften und Farben, ist die Realität, die allgütige Mutter.

Aber dieses ungeformte Bewußtsein ist mehr als Leere; es ist auch ohne Grenzen, strahlend und dynamisch. Dies ist der ursprüngliche Geist, die Erleuchtung, der allgütige Vater.

Beide Aspekte deines Bewußtseins – die formlose Leere und die strahlende Dynamik – sind unteilbar. Sie verkörpern die Wirklichkeit, die Erleuchtung

Das Strahlen und die Leere deines Bewußtseins siehst du als gewaltiges Licht, in dem es weder Geburt noch Tod gibt. Dies ist der Zustand des Erwachens, des ewigen Lichts.

Wenn du diesen reinen Aspekt deines Bewußtseins erlebst, dann weißt du, daß du erleuchtet bist; denn wenn du dein Bewußtsein erblickst, trittst du in den Zustand der Erleuchtung ein.

Der Helfer liest diese Worte dreimal mit klarer Stimme, damit der Sterbende sich an sie erinnert und das strahlende Licht als sein reines Bewußtsein erkennt. Dann verschmilzt er untrennbar mit der wahren Wirklichkeit und ist frei.

Kommentar

Unser spirituelles Leben profitiert sehr davon, wenn wir den Geist reinigen, indem wir unsere früheren Missetaten und negativen Gedanken aufrichtig eingestehen und bereuen. Wenn wir schlafen gehen oder sterben, sollten wir spüren, daß unsere allgütigen Eltern uns liebevoll umarmen.

Seit Anbeginn der endlosen Zeit hat unsere allgütige Mutter, der endlose Raum, uns genährt. Ihr verdanken wir unsere Existenz, unser Wachstum, unser Wohlbefinden. Sie erfüllt unsere Wünsche und ist duldsam, wenn wir zornig sind.

Und seit Anbeginn der endlosen Zeit ermutigt uns der allgütige Vater, der Drang zu existieren, eine Welt nach unserem Willen zu erschaffen. Er vergibt uns alle Fehler, wenn wir unseren Hochmut ablegen und unser wahres Selbst demütig und freudig anerkennen.

Kehren wir wie Kinder zu unseren wahren Eltern zurück, um wieder fröhlich mit ihnen vereint zu sein!

•

Zu Lebzeiten müssen wir uns bemühen, so wenig wie möglich an materiellen Dingen zu haften. Im Angesicht des Todes ist es zu spät, sich über eine unvollendete Arbeit Sorgen zu machen. Was dann noch zu tun ist, müssen andere tun.

Der Sterbende muß seine Angehörigen und Freunde verlassen und alleine weiterreisen. Es ist wichtig, daß er in der Einsamkeit seines strahlenden Intellekts nicht mehr an dem hängt, was er zu Lebzeiten begehrt hat.

DER STERBENDE WIRD befreit, wenn er dieses erste, strahlende Licht erkennt. Aber wenn er sich fürchtet und es nicht erkennt, sieht er etwa eine halbe Stunde nach dem Aufhören der Atmung ein zweites strahlendes Licht.

Jetzt schlüpft das Bewußtsein aus dem Körper, obwohl der Sterbende nicht merkt, was geschieht, und nicht weiß, ob er tot ist oder lebt. Er sieht immer noch seine Angehörigen und hört sie weinen.

In diesem Stadium belehrt der Helfer den Sterbenden erneut, bevor äußerst realistische Trugbilder, hervorgerufen vom Karma, ihn erschrecken.

An diesem Punkt erinnert der Helfer den Sterbenden an die Meditation, in die er sich zu seinen Lebzeiten versenkte.

Wenn er nicht meditiert hat, rät der Helfer ihm, Mitgefühl zu visualisieren, verkörpert durch ein spirituelles Wesen seiner Wahl.

Auch die unterschiedlichen Umstände des Todes können die Erinnerung an das früher Gelernte trüben; darum ist die Anleitung in dieser Phase so wichtig.

Kommentar

Ein spirituelles Leben ist überaus wichtig. Wenn wir spirituell ausgebildet sind, werden wir allmählich mit den Phänomenen vertraut, denen wir beim Sterben begegnen, und wir erkennen die ansonsten verwirrenden Visionen als das, was sie sind.

•

Der Sterbende sollte daran denken, was er über den endlosen Kreislauf der Wiedergeburten gelernt hat, und alles loslassen, was ihn an die Welt fesselt. Er sollte entschlossen sein, diesem Kreislauf zu entkommen. Dann kann er sich möglicherweise selbst befreien. Aber das genügt nicht.

Auch wenn er seine Angehörigen klagen hört, darf er sich nicht an sie klammern; denn sie haben ihr eigenes Schicksal. Statt dessen sollte er Mitgefühl für die Trauernden empfinden, sich fest vornehmen, nach der Buddhaschaft zu streben, zum Wohle derer, die um ihn weinen.

Diesen Vorsatz sollten wir schon zu Lebzeiten zu Beginn jeder Meditation fassen.

•

Alle großen Religionen der Welt lehren, daß Mitgefühl und Liebe zu den Attributen des höchsten Wesens gehören, sei es Allah, Gott oder Buddha. Mitgefühl kann viele Formen annehmen, und darum ist es hilfreich, wenn wir eine Form visualisieren, die uns anspricht. Sie beruhigt uns und fördert das spirituelle Wachstum.

Wenn wir sterben oder mit Lebensproblemen zu kämpfen haben, ist der Glaube an die Macht und die Güte eines solchen Wesens sehr tröstlich; er kann uns helfen, schwere Zeiten sicher zu überstehen.

ES IST AM besten, wenn der Sterbende schon zu Beginn des Sterbeprozesses versteht, was mit ihm geschieht. Andernfalls erinnert der Helfer ihn in der zweiten Phase daran. Dadurch wird er bewußter und kann sich befreien.

Während er zuvor nicht wußte, ob er tot ist oder nicht, erwacht er nun zur Klarheit. Jetzt ist er ein reiner Astralkörper.

Wenn er die Anweisungen versteht, begegnet seine individuelle Wirklichkeit der höchsten Wirklichkeit, und er wird von den Fesseln des Karma frei.

So wie das Licht die Dunkelheit vertreibt, löst das strahlende Licht die Macht des Karma auf und befreit den Sterbenden. Der Astralkörper ist sich dieser zweiten Phase des Sterbens lebhaft bewußt, und er kann wieder hören, was andere zu ihm sagen.

Wenn er die Anweisungen versteht, erreicht er sein Ziel. Da die bösen Trugbilder, die sein Karma hervorbringt, noch nicht sichtbar sind, kann er sich nach Belieben transformieren.

Selbst wenn der Sterbende das erste strahlende Licht nicht erkannt hat, kann er sich also in der zweiten Phase noch befreien, sofern er das zweite strahlende Licht erkennt.

Kommentar

Wenn wir uns nicht um unsere spirituelle Entwicklung kümmern, machen wir von Zeit zu Zeit unangenehme Erfahrungen durch, deren Ursache unsere Einstellungen sind. Wenn wir ständig negativ denken und von Aggression, Gier und Dummheit beherrscht werden, projizieren wir diese ungesunde Geisteshaltung auf die Umwelt. Bald betrachten wir die Welt als feindseligen Ort und ihre Bewohner als unsere Feinde, die uns vernichten wollen.

In der Meditation können wir diese unangenehmen Erfahrungen analysieren und die negativen Gedanken- und Verhaltensmuster aufspüren, die sie hervorbringen. Sobald uns die eigentlichen Ursachen bewußt sind, können wir am inneren Selbst arbeiten und uns allmählich vom negativen Denken befreien.

•

Wer zu seinen Lebzeiten durch und durch böse war, hat als Sterbender eine Vision vom Herrn des Todes und seinen Spießgesellen, wobei deren Gestalt vom Kulturkreis abhängt.

Der Helfer muß sich große Mühe geben, den verängstigten Sterbenden davon zu überzeugen, daß diese Schreckgestalten Projektionen seines Geistes sind. Er ermahnt ihn, darauf zu vertrauen, daß seine Umwelt gut ist, und sich nicht zu fürchten.

Hat der Sterbende ein tugendhaftes Leben geführt, sieht er sich von Heerscharen göttlicher Wesen umgeben, die ihn bei seinem Namen rufen und ihn einladen, mit ihm ins Paradies zu kommen. Jetzt sollte er alle Bindungen an den Körper aufgeben, den Geist entspannen, alles sammeln, was vom Bewußtsein übriggeblieben ist, und den Himmelsboten nach oben folgen, heraus aus dem Körper und auf eine reine Ebene der Bewußtheit und Glückseligkeit.

Auch viele fortgeschrittene Meditierende versuchen, dem Tod ins Angesicht zu schauen, während sie aufrecht sitzend in tiefer Kontemplation verweilen. Ihr Bewußtsein trennt sich dann vom Körper und strebt hinauf zum Himmel, in den Farben des Regenbogens strahlend. Diese Menschen brauchen keine Helfer, wenn sie sterben.

Wer dagegen nie oder wenig meditiert hat, bekommt vielleicht Angst und braucht fachkundigen Beistand. Daran sollte der Helfer immer denken und Mitgefühl ausstrahlen.

Die Visionen in der Phase der höchsten Wirklichkeit

JETZT ERLEBT DER VERSTORBENE eine Reihe von seltsamen Visionen. Ob er einen Sinn darin sieht, hängt von seiner Vorbereitung und vom Geschick des Helfers ab. Wie bereits erwähnt, bestimmen die Kultur und die Religion die Einzelheiten der Visionen, und darum sind sie bei jedem Menschen anders. Wahrscheinlich bleibt jedoch die Reihenfolge der Farben in jedem Stadium gleich.

Die Tibeter glauben, daß sie nach dem Tod Visionen von der Art erleben, wie sie hier beschrieben sind. Die Symbolik haben große spirituelle Meister entwickelt. Im Lichte dieser Lehre sind sowohl die Meditation als auch Träume Zwischen- oder Übergangsphasen, die denen des Sterbeprozesses gleichen.

Um jenen zu helfen, die diese Visionen zu Lebzeiten nicht kennengelernt haben, sind die im Text erwähnten Gestalten häufig in Form von Mandalas dargestellt, damit sie leichter zu erkennen sind.

Meist tauchen diese Wesen in Gruppen auf, und es gibt im wesentlichen friedliche, strenge und zornige Gestalten. Die gütigen Wesen stammen aus dem Herzen und sind mit dem physischen Körper verbunden; die strengen kommen aus dem Rachen und sind daher mit dem Sprechen verbunden; und die zornigen steigen aus dem Kopf, dem Sitz der Gedanken.

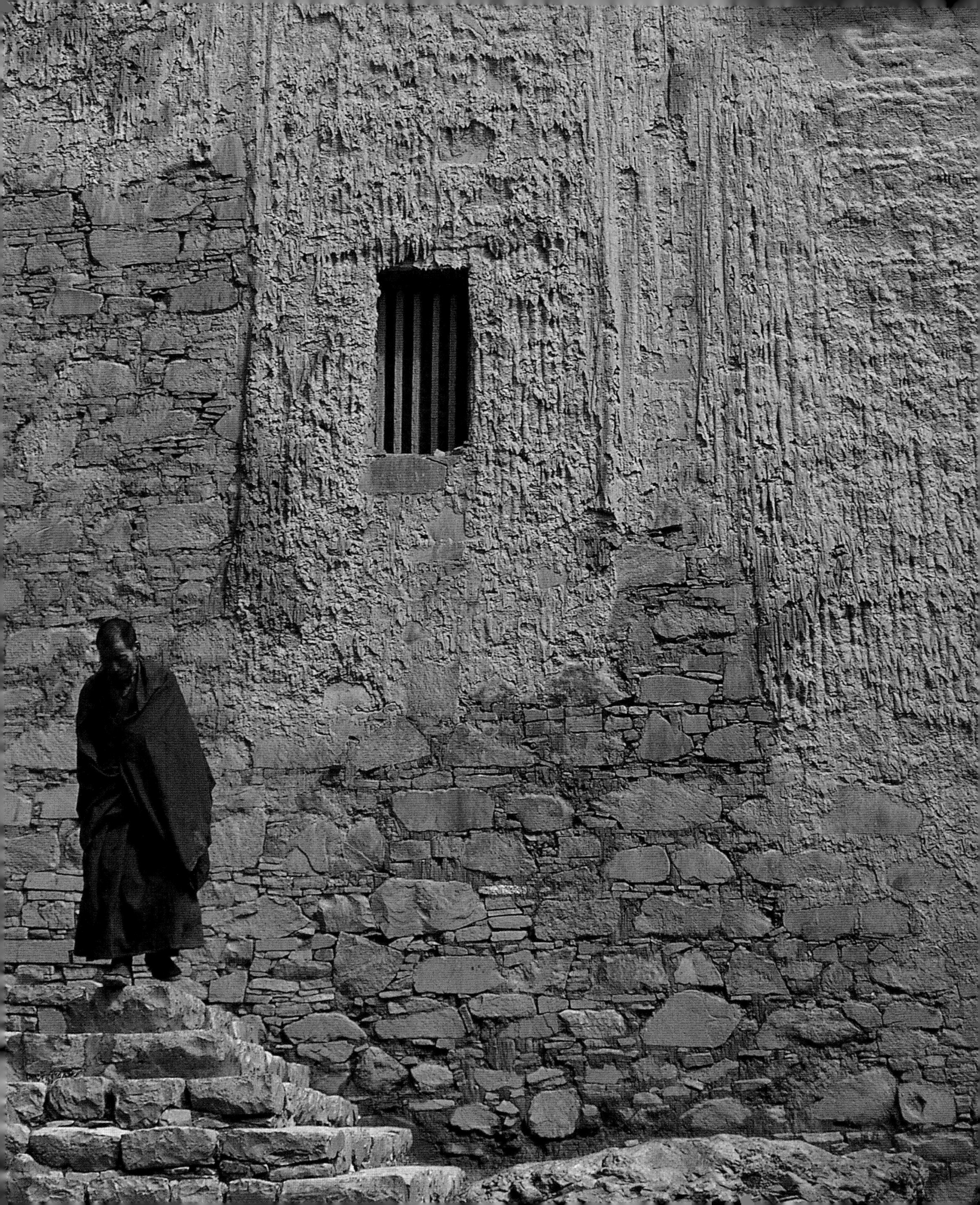

DIE FRIEDLICHEN VISIONEN

WENN DER VERSTORBENE sich immer noch nicht befreit hat, begegnen ihm in der nächsten Phase Trugbilder, deren Ursache sein selbstverschuldetes Karma ist.

Jetzt ist es überaus wichtig, ihm diese mächtigen und hilfreichen Unterweisungen vorzulesen, die ihn über die Phase der Wirklichkeit aufklären.

Die Angehörigen des Verstorbenen weinen und klagen jetzt; sie packen seine Kleider ein und ziehen sein Bett ab. Er sieht zwar seine Angehörigen, aber sie sehen ihn nicht. Er hört, wie sie nach ihm rufen, aber sie hören ihn nicht antworten. Voller Gram treibt er fort.

In dieser Phase sieht er Lichter und allerlei seltsame Farben, und er hört Geräusche. Vielleicht jagt ihm das alles große Angst ein. Darum macht der Helfer ihn mit der Phase der Wirklichkeit vertraut.

Kommentar

Welche Erfahrungen wir im Leben machen, hängt weitgehend vom Geist ab. Der tibetische Buddhismus lehrt, daß der Geist nicht passiv Bilder von der Welt empfängt, sondern sie hervorbringt und mit Hilfe des Gedächtnisses und der Gewohnheiten auf die Sinneseindrücke von der reinen Wirklichkeit projiziert. Darum erfahren nur sehr wenige Menschen die wahre Wirklichkeit; die meisten überlagern sie mit vielen eigenen, in der Regel negativen Projektionen.

Wenn wir innerlich ausreichend wachsen, können wir die selbst geschaffenen Projektionen so verändern, daß sie die spirituelle Gesundheit fördern. Während des Sterbens und in der Meditation können wir diese Projektionen leichter als Halluzinationen durchschauen.

Wenn wir Gier und Furcht ablegen können, kommen wir im natürlichen Zustand des Geistes zur Ruhe. Dafür müssen wir unsere Verwirrung und mit Hilfe unserer spirituellen Freunde und Lehrer auch unsere Ängste überwinden.

•

Während des Sterbens sehen wir helle Lichter und eine Flut schillernder Farben, und wir hören dröhnende Geräusche. Sobald wir die physische Ebene hinter uns gelassen haben und frei von jeder Unreinheit sind, stellen die Visionen sich spontan ein wie beim Spiel ohne Regeln. Es ist wichtig, daß Sterbende den Strom der Lichter, Farben und Formen nicht unterbrechen, da es sich um den natürlichen Ausdruck spiritueller Energien handelt. Jetzt müssen die Verstorbenen auch begreifen, daß sie tot sind, und den Gedanken, daß sie an Freunde und Verwandte gebunden oder von ihnen getrennt sind, als illusionär aufgeben.

DER HELFER RUFT den Verstorbenen beim Namen und gibt ihm mit klarer Stimme folgende Anweisungen:

> Hör mir genau zu, [Name]! Du hast das strahlende Licht nicht erkannt, das du gestern gesehen hast; darum befindest du dich jetzt in der Phase der Realität. Nun mußt du erkennen, was ich dir beschreibe. Laß dich dabei nicht ablenken!
>
> Was du jetzt erlebst, nennt man «Tod». Du treibst weg von dieser Welt, so wie alle anderen Verstorbenen. Obwohl du dich nach dem Leben auf dieser Welt sehnst, kannst du nicht hierbleiben, sondern mußt den Kreislauf der Existenzen mitmachen. Überwinde deine Sehnsucht und dein Anhaften, und gib deinen vertrauten spirituellen Idealen eine Form!
>
> Vergiß diese Worte nicht, einerlei, welche erschreckenden Erlebnisse du in dieser Phase hast! Es ist wichtig, daß du deine Erlebnisse durchschaust.
>
> «Jetzt, in der Phase der Wirklichkeit, muß ich alle haßerfüllten und furchterregenden Halluzinationen aufgeben und alles, was ich sehe, als natürliche Projektionen meines Geistes durchschauen.
>
> Jetzt, an diesem wichtigen Kreuzweg, darf ich mich vor den friedlichen und zornigen Wesen nicht fürchten, denn es sind nur Projektionen meines eigenen Geistes.»
>
> Rezitiere diese Worte klar und deutlich, und vergiß ihre Bedeutung nicht. Dann wirst du eines Tages all diese schrecklichen Erlebnisse als deine eigenen Projektionen erkennen.

Kommentar

Wir dürfen uns glücklich schätzen, wenn wir diese Lehre von der oberflächlichen und von der wahren Wirklichkeit kennengelernt haben. Seit Anbeginn der Zeit sind wir unwissend im Kreislauf der Wiedergeburten gefangen. Immer wieder wurden wir unter erbärmlichen Verhältnissen aller Art geboren und haben darauf mit wirren Emotionen reagiert.

Während wir auf dem Meer der Emotionen hin und her geworfen werden, sind wir bisweilen glücklich, bisweilen unglücklich. In diesem Augenblick lachen wir, im nächsten sind wir ängstlich, wütend, einsam und verletzlich oder stolz, arrogant und voller Selbstvertrauen, nur weil banale Dinge uns aufgemuntert haben. Die Eitelkeit verleitet uns dazu, den Rest der Welt zu verdammen, weil er nicht so gut ist wie wir.

All diese Gefühle wirbeln um ein Zentrum, das wir für unser Selbst halten. Doch der Buddhismus lehrt, daß dieses sogenannte Selbst, das Ich, eine parasitäre Illusion ohne jede Substanz ist – wir haben es selbst geschaffen, um uns vor der Erkenntnis zu schützen, daß alles vergänglich ist.

Dieses falsche Selbst leidet unter unserem emotionalen Aufruhr. Es versucht verzweifelt, sich aus dem leeren Raum zu erschaffen und solide zu werden, und gleichzeitig fürchtet es ständig, als das entlarvt zu werden, was es ist: eine Illusion. Es will unbedingt beweisen, daß es wichtig ist, und ist verstört, wenn die alles umfassende Wirklichkeit es nach und nach auflöst. Da dieses Ich keine Wurzel in der Realität hat, zerbröckelt es und muß unaufhörlich neu geschaffen werden. Es ist entzückt, wenn es sich einmal in einer Situation befindet, die es scheinbar vor Schaden schützt.

*W*enn dein Geist sich vom Körper trennt, stellen sich die Visionen der wahren Wirklichkeit ein, glitzernd wie eine Fata Morgana. Sie sind subtil, aber klar, und machen dir Angst. Fürchte dich nicht vor ihnen! Sie sind deine strahlende Wirklichkeit, also erkenne sie als solche!

Im Licht hörst du einen tosenden Lärm, laut wie tausend Donnerschläge gleichzeitig. Dies ist das natürliche Geräusch deiner Wirklichkeit, darum fürchte dich nicht vor ihm! Du besitzt jetzt einen Astralkörper, erzeugt von der Energie deiner inneren Neigungen — er ist nicht aus Fleisch und Blut. Kein Lärm, keine blendende Farbe und kein strahlendes Licht kann dir etwas anhaben. Erkenne sie als deine eigenen Projektionen, und alles wird gut. Denke daran, daß dies die Phase der Wirklichkeit ist, die jeder Sterbende erlebt!

Einerlei, welcher Religion du angehört hast, das Licht, der Lärm und die blendenden Farben werden dich erschrecken, wenn du diese Unterweisung nicht bekommst und deine Erlebnisse nicht als deine Projektionen durchschaust. Wenn du diese Anleitungen nicht verstehst, bist du im Kreislauf der Wiedergeburten verloren.

Kommentar

Wenn wir zu unseren Lebzeiten regelmäßig meditieren, können wir möglicherweise das illusionäre Ich als solches erkennen. Aber erst im Tod werden die materiellen Stützen des Ichs – die Welt und der physische Körper – zerstört. Jetzt ist der Geist völlig auf sich selbst angewiesen und erlebt die Wirklichkeit unmittelbar.

Alles Irdische, das einst das Fundament des Ichs war, wird uns genommen, und das Ich wird als völlig substanzlos entlarvt. Es war niemals real, und die gewaltige Macht dieser Erkenntnis trifft das Bewußtsein wie ein Blitzschlag!

Der Verstorbene, vom blendenden Licht verwirrt, erkennt die Visionen möglicherweise nicht als Produkte seiner spirituellen Energie – sie überwältigen ihn, und er sieht keinen Sinn darin. Aber es sind nur Projektionen seines chaotischen Geistes. Darüber muß der Helfer ihn aufklären, damit er sie als das durchschaut, was sie wirklich sind.

Die wirbelnden Lichter in allen Regenbogenfarben nehmen die Gestalt göttlicher Wesen an, die zunächst friedlich, später aber zornig und beängstigend sind. Sie verkörpern die spirituelle Energie des Verstorbenen und ordnen sich in Mustern an, die Mandalas ähneln und die spirituelle Struktur des Universums enthüllen – sie bilden zusammen das große Mandala der Erleuchtung. Sie gleichen den Facetten eines Diamanten, die alle einzigartig sind und dennoch zum Ganzen gehören.

Die friedlichen Visionen des ersten Tages

Du warst viereinhalb Tage bewußtlos; jetzt geht deine Reise weiter. Wenn du aufwachst, fragst du dich, was mit dir geschehen ist. Das ist die Phase der Wirklichkeit. Der Kreislauf der Wiedergeburten ist unterbrochen, und du siehst nur noch Lichter und Bilder.

Alles ist in tiefblaues Licht getaucht. Der weiße, erleuchtete Vairochana kommt aus dem Zentrum der Buddha-Ebene, Ghanavyuha, und erscheint vor dir. Er sitzt auf einem Löwenthron, hält ein Rad mit acht Speichen in der Hand und umarmt seine Gefährtin, die Herrin des Raumes. Das blaue Licht des Bewußtseins in seiner natürlichen Reinheit, das tiefe, blendende, klare Azurblau, strahlt aus dem Herzen des erleuchteten Vairochana und seiner Gefährtin und hüllt dich ein. Dieses Licht ist so hell, daß du es kaum betrachten kannst.

Zur selben Zeit leuchtet auch das sanfte weiße Licht der Gottheiten auf und durchdringt dich. Du fürchtest dich vor dem azurblauen Licht, weil du im Leben Schuld auf dich geladen hast, und du versuchst, vor ihm zu fliehen. Du fühlst dich zu dem sanften weißen Licht der Gottheiten hingezogen.

Kommentar

In der Meditation und nach dem Tod ändert die Struktur des Geistes sich drastisch. Die normale, unreine Unwissenheit löst sich im unendlichen Raum der fundamentalen Wirklichkeit auf, und wir haben einen Augenblick lang die kostbare Gelegenheit, den Geist als Ganzes zu entspannen. Während unseres Lebens können wir diese Erfahrung immer wieder machen, nicht aber im Tod.

Der Helfer muß dem Verstorbenen klarmachen, wie wichtig dieser flüchtige Moment ist. Hier, in dieser kurzen Phase zwischen einem Leben in der Verwirrung und dem nächsten Leben, dämmert kurz das strahlende blaue Licht des fundamentalen Bewußtseins.

Der Tote darf sich von diesem blendenden, reinen Licht nicht überwältigen lassen; denn die Vielfalt der weltlichen Dinge ist eine Illusion. Diese schlichte Einfachheit ist der wahre, offene Nährboden der unzähligen, komplexen Erfahrungen.

Der innere Kern des erleuchteten, wesenhaften Geistes manifestiert sich ebenfalls als Vairochana, der Erleuchter. Er wird begleitet von seiner Gefährtin, der Herrin des Raumes. Wie alle anderen Wesen, die erscheinen, sind sie sexuell vereint und symbolisieren die Wechselbeziehung zwischen den Aspekten der Erleuchtung, die sie verkörpern.

Fürchte dich nicht vor dem überaus hellen azurblauen Licht des höchsten Bewußtseins. Es ist das strahlende Licht dieses erleuchteten Wesens, das Bewußtsein des Kontinuums der Wirklichkeit. Vertraue dich ihm an, und bete so: «Dies ist das strahlende Licht des erleuchteten Vairochana und seines Mitgefühls. Bei ihm will ich Zuflucht suchen!» Der erleuchtete Vairochana ist gekommen, um dich vor den Gefahren dieser Phase des Todes zu schützen. Das strahlende Licht ist sein Mitgefühl.

Laß dich nicht vom sanften weißen Licht der Gottheiten anlocken, und hafte nicht daran; denn sonst verirrst du dich auf der Ebene der Gottheiten und setzt den Kreislauf der Wiedergeburten und des Todes fort. Schau das Licht nicht einmal an, denn es ist ein Hindernis auf dem Weg zur Befreiung.

Vertraue dem blendenden azurblauen Licht, dem erleuchteten Vairochana und seiner Gefährtin, und sprich mit mir dieses Gebet:

«Wenn ich durch den Kreislauf der Wiedergeburten wandere, von Unwissenheit getrieben, möge der erleuchtete Vairochana vor mir und seine Gefährtin, die Herrin des Raumes, hinter mir gehen. Mögen sie mich vor den Gefahren dieser Phase des Todes bewahren und mich zur vollkommenen Erleuchtung führen!»

Wenn der Verstorbene dieses Gebet mit tiefem Vertrauen und tiefer Hingabe spricht, löst er sich in Licht auf und dringt ins Herz Vairochanas und seiner Gefährtin ein. Dort wird er zu einem verklärten, himmlischen Buddha auf der mittleren Buddha-Ebene.

Kommentar

Der Geist hat zwei Aspekte. Der eine ist seit Anbeginn der Zeit erleuchtet und besitzt alle spirituellen Qualitäten, der andere ist verderbt. Vairochana und seine Gefährtin verkörpern das fundamentale Bewußtsein und die höchste Wirklichkeit. Jeder Buddha, der an den einzelnen Tagen erscheint, symbolisiert einen anderen Aspekt des erleuchteten Geistes. Ist der Verstorbene mit negativen Gefühlen und Gedanken belastet, erkennt er diese Aspekte nicht. Seine Energie wird verzerrt und manifestiert sich als alltägliche Wirklichkeit. Jedesmal, wenn der Tote sie nicht erkennt, erschafft er nach und nach die Welt neu, die er hinter sich gelassen hat – mit all ihrem Leiden. Gleichzeitig mit dem azurblauen Licht erscheint ein verführerisches, weniger intensives weißes Licht. Es symbolisiert die Welt der Gottheiten, die durch Stolz und Hochmut erschaffen wird. Wegen seiner früheren Neigungen fühlt der Verstorbene sich zu diesem Licht hingezogen, und es besteht die Gefahr, daß er sich verirrt. Wenn er seinen Stolz und seine Unwissenheit ablegt, hat er keine Angst mehr vor der strahlenden Wirklichkeit und kann mühelos mit ihr verschmelzen. Diese Verkörperung des fundamentalen Bewußtseins ist nicht passiv: Sie strahlt Mitgefühl aus und versucht, den Toten zu sich heranzuziehen. Wer den Mut und die Kraft hat, sich dieser Vision des Mitgefühls anzuvertrauen, wird von Vairochanas Herz aufgenommen und kehrt dadurch zum Kern seines wahren Wesens zurück.

DIE FRIEDLICHEN VISIONEN DES ZWEITEN TAGES

ES KANN SEIN, daß der Verstorbene trotz der Anleitung, die sein Helfer ihm gegeben hat, sich vor dem Licht fürchtet und vor ihm flieht, weil er von zornigem Wesen ist und üble Taten begangen hat.

Er ist immer noch verwirrt, obwohl er das obige Gebet gesprochen hat. Darum begegnet er am zweiten Tag dem erleuchteten Akshobhya und seinem Gefolge, aber auch seinem negativen Karma, das ihn in die Hölle führt. Nun gibt ihm der Helfer den folgenden Rat:

Höre, [Name]! An diesem zweiten Tag siehst du das weiße Licht des reinen Wasserelements. Jetzt kommt der erleuchtete Akshobhya aus dem blauen östlichen Reich Abhirati und erscheint vor dir. Seine Farbe ist blau, und er hält einen Diamanten in der Hand. Auf einem Elefantenthron sitzend, umarmt er seine Gefährtin Buddha-lochana. Zwei Bodhisattvas, Kshitigarbha und Maitreya, und zwei Göttinnen, Lasya und Pushpa, begleiten ihn.

Das weiße Licht der reinen Form, das blendende, klare Weiß des Bewußtseins, das einem Spiegel gleicht, erstrahlt aus dem Herzen des erleuchteten Akshobhya und seiner Gefährtin und durchdringt dich. Dieses Licht ist so hell, daß du es kaum ansehen kannst.

Gleichzeitig leuchtet das sanfte, rauchige Licht der hellen Ebene und durchdringt dich. Da du aus Gewohnheit Zorn und Haß empfindest, fürchtest du dich vor dem weißen Licht und versuchst, vor ihm zu fliehen. Du fühlst dich vom sanften, rauchigen Licht der Hölle angezogen.

Kommentar

Wenn der Verstorbene zahllose Leben lang unwissend war und daher schwach ist, kann er das Licht seines Geistes nicht ertragen und versteckt sich vor ihm, worauf es verschwindet. Er fühlt sich von seiner enormen Größe bedroht, reagiert feindselig und will sich schützen.

Da er sich nicht gegen die grenzenlose Expansion wehren kann, zieht er sich voller Entsetzen in sich selbst zurück.

Jetzt sieht der Verstorbene Formen, jedoch ohne an ihnen zu haften und sie für real zu halten. Es ist, als wäre der Geist ein Spiegel, der alles ohne jede Verzerrung reflektiert. Alles ist scharf und präzise und an dem Platz, an den es gehört. Nichts wird hinzugefügt oder ausgelassen, und kein einzelner Aspekt des Gesamtbildes wird gegenüber den anderen bevorzugt.

Dieses «spiegelgleiche», entspannte Bewußtsein sieht nur Farben und Formen und liest nichts in sie hinein. Es urteilt nicht, sondern sieht das Komplexe Gewebe von Ursache und Wirkung und bleibt losgelöst und unbeteiligt.

Fürchte dich nicht vor dem hellen, klaren weißen Licht, sondern erkenne es als das strahlende Licht des Bewußtseins. Vertraue ihm und bete wie folgt: «Dies ist das strahlende Licht des erleuchteten, mitfühlenden Akshobhya. Bei ihm will ich Zuflucht suchen!» Der erleuchtete Akshobhya befreit dich vom Schrecken dieser Phase des Todes. Dies ist das hakenförmige Licht des mitfühlenden Akshobhya – vertraue ihm!

Laß dich nicht vom sanften, rauchigen Licht der Hölle verlocken! Diesen verführerischen Weg zeigen dir deine üblen Taten, dein Haß und deine Wut. Wenn du dich zu ihm hingezogen fühlst, fällst du in die Hölle hinab, in den Sumpf des unerträglichen Elends ohne Hoffnung auf Befreiung. Schaue dieses Licht nicht einmal an, denn es ist ein Hindernis auf dem Weg zur Befreiung. Überwinde deinen Haß und deine Wut, und vertraue dem blendend weißen Licht und dem erleuchteten Akshobhya. Sprich mit mir dieses Gebet:

«Wenn ich durch den Kreislauf der Wiedergeburten wandere, von Wut und Haß getrieben, möge der erleuchtete Akshobhya vor mir und seine Gefährtin Buddha-lochana hinter mir gehen.

Mögen sie mich vor den Gefahren dieser Phase des Todes bewahren und mich zur vollkommenen Erleuchtung führen!»

Wenn der verstorbene dieses Gebet mit tiefem Vertrauen und tiefer Hingabe spricht, löst er sich in Licht auf und dringt ins Herz Akshobhyas ein. Dort wird er zu einem verklärten, himmlischen Buddha in Abhirati, der östlichen Buddha-Ebene.

Kommentar

Dieses Bewußtsein, eine weitere Facette der Erleuchtung, manifestiert sich als Akshobhya, der Unerschütterliche, und seine Gefährtin Buddha-lochana, das Auge der Erleuchtung. Dies ist eine vollkommen harmonische und friedliche Vision mitten in der Verwirrung all dessen, was entsteht und sich auflöst. Es ist ein Heilmittel für den Verfolgungswahn eines Geistes, der sich in sich selbst zurückzieht, um sich zu schützen.

Wenn diese Wesen erscheinen, werden sie von untergeordneten Aspekten ihres Wesens begleitet. Die Bodhisattvas sind die Regenten oder Vertreter der Verkörperungen der Erleuchtung und symbolisieren positive Eigenschaften, die wir pflegen können, damit sie uns auf dem Weg zur Erleuchtung helfen.

Kshitigarbha, der Schatz der Erde, ist das Symbol der Solidität, der Unterstützung und des Reichtums, den wir mit der Erde verbinden.

Maitreya verkörpert die sanfte, liebevolle Güte, die alle Wesen hegt und schützt.

Die Göttinnen symbolisieren die Großzügigkeit, den Trost und die Gastfreundschaft, die wir anderen gewähren.

Laysa ist das Sinnbild des Tanzes und der Kreativität, Pushpa symbolisiert die Schönheit der Natur und der Blumen.

Wenn der Tote die Hilfe dieser Wesen abweist und vor dem weißen Licht flieht, besteht die große Gefahr, daß Abneigung und Haß ihn überwältigen. Dann stürzt er in die Tiefe des Schreckens, die wir Höllen nennen.

Die friedlichen Visionen des dritten Tages

Es kann sein, daß der Verstorbene trotz der Anleitung, die sein Helfer ihm gegeben hat, sich vor dem Licht des Mitgefühls fürchtet und vor ihm flieht, weil er hochmütig ist und üble Taten begangen hat.

Darum begegnet er am dritten Tag dem erleuchteten Ratnasambhava und seinem Gefolge, aber auch dem Pfad des Lichts, von seinem Dünkel geschaffen, der zur Ebene der Menschen führt. Nun gibt ihm der Helfer den folgenden Rat:

> Höre, [Name]! An diesem dritten Tag siehst du das gelbe Licht des reinen Elements Erde. Jetzt kommt Ratnasambhava aus dem gelben südlichen Reich Shrimat und erscheint vor dir. Seine Farbe ist gelb, und er hält ein Juwel in der Hand, das Wünsche erfüllt. Auf einem Pferdethron sitzend, umarmt er seine Gefährtin Mamaki.

> Zwei Bodhisattvas, Akashagarbha und Samantabhadra, und zwei Göttinnen, Mala und Dhupa, begleiten ihn.

> Das gelbe Licht des Gefühls, das blendende, klare Gelb des Bewußtseins der Identität, erstrahlt aus dem Herzen des erleuchteten Ratnasambhava und seiner Gefährtin und durchdringt dich. Dieses Licht ist so hell, daß du es kaum ansehen kannst.

> Gleichzeitig leuchtet das sanfte blaue Licht der menschlichen Ebene und durchdringt dich. Da du aus Gewohnheit hochmütig bist, fürchtest du dich vor dem gelben Licht und versuchst, vor ihm zu fliehen. Du fühlst dich vom sanften blauen Licht der menschlichen Ebene angezogen.

Kommentar

Der Verstorbene fürchtet sich davor, in einem Universum zu verweilen, das ein lächelnder Akshobhya und seine Gefährtin regieren, für die alle Erscheinungen ohne Substanz sind. Er ist zu stolz, um sein Ich aufzugeben und mit diesen Wesen zu verschmelzen. Jetzt findet er in seinem wahren Selbst ein Mittel gegen seine Abneigung: Das reine Bewußtsein der Gleichheit erscheint als goldenes Licht.

So wie die große Erde alle Wesen am Leben erhält, Reiche wie Arme, Tugendhafte und Sündhafte, Hohe und Niedrige, erkennt auch das mitfühlende Bewußtsein der Gleichheit alle empfindsamen Wesen als gleich, weil sie alle nach Glück streben und das Leid meiden, und es umarmt sie in unermeßlicher Liebe.

Alles, was jetzt als Reaktion auf Ursachen und Bedingungen entsteht, vergeht bald wieder. Alle lebenden Wesen und das ganze leblose Universum sind insofern gleich. Nichts ist von Dauer, und nichts ist wesenhaft. Alle Dinge sind vorbeiziehende Wolken, Illusionen, die das Karma hervorbringt, und alles löst sich rasch im leeren Raum der Wirklichkeit auf.

Uns alle erhält das große Mitgefühl dieses Bewußtseins, obwohl wir nicht wesenhaft und nicht dauerhaft sind und auf unserer Suche nach dem Glück immer wieder enttäuscht werden.

*F*ürchte dich nicht vor dem hellen, klaren gelben Licht, sondern erkenne es als das strahlende Licht des Bewußtseins. Entspanne dich und vertraue ihm. Wenn du es als das strahlende Licht deines wahren Selbstes erkennst, verschmilzt du untrennbar mit ihm, auch wenn du ihm nicht vertraust. Wenn du das Licht nicht als das Strahlen deines Wesens erkennst, bete wie folgt:

«Dies ist das strahlende Licht des erleuchteten, mitfühlenden Ratnasambhava. Bei ihm will ich Zuflucht suchen!» Der erleuchtete Ratnasambhava befreit dich vom Schrecken dieser Phase des Todes. Dies ist das hakenförmige Licht des mitfühlenden Ratnasambhava – vertraue ihm!

Laß dich nicht vom sanften, blauen Licht der menschlichen Ebene verlocken! Diesen verführerischen Weg zeigen dir deine üblen Taten, dein Haß und dein Hochmut. Wenn du dich zu ihm hingezogen fühlst, fällst du auf die menschliche Ebene hinab und erlebst endlos Geburt, Alter, Krankheit und Tod, ohne Hoffnung auf Befreiung. Schaue dieses Licht nicht einmal an, denn es ist ein Hindernis auf dem Weg zur Befreiung. Überwinde deinen Stolz, und vertraue dem blendend gelben Licht und dem erleuchteten Ratnasambhava. Sprich mit mir dieses Gebet:

«Wenn ich durch den Kreislauf der Wiedergeburten wandere, von Hochmut getrieben, möge der erleuchtete Ratnasambhava vor mir und seine Gefährtin Mamaki hinter mir gehen.

Mögen sie mich vor den Gefahren dieser Phase des Todes bewahren und mich zur vollkommenen Erleuchtung führen!»

Wenn der Tote dieses Gebet mit tiefem Vertrauen und tiefer Hingabe spricht, löst er sich in Licht auf und dringt ins Herz Radnasambhavas ein. Dort wird er zu einem verklärten, himmlischen Buddha in Shrimat, der südlichen Buddha-Ebene. Wenn der Verstorbene so unterwiesen wird, kann er sich befreien, einerlei, wie schwach er ist.

Kommentar

Jetzt manifestiert sich das reine Bewußtsein der Gleichheit in Gestalt von Radnasambhava, dem Juwelengeborenen, und seiner Gefährtin Mamaki, der Mutter. Diese Wesen symbolisieren spirituellen Reichtum. Radnasambhava hält den mythischen Edelstein, der Wünsche erfüllt, in der Hand und schenkt ihn uns. Dieser Stein ist das Juwel der vollkommenen Zufriedenheit, der tröstende Aspekt der Erleuchtung, erfüllt von strahlender Tugend und frei von Täuschung.

Begleitet werden die beiden Gestalten von den Bodhisattvas Akashagarbha, dem Schatz des Raumes, der die unendliche Fülle von guten Gelegenheiten symbolisiert, und Samantabhadra, dem All-Guten, der tugendhaftes Verhalten verkörpert. Die Göttin Mala ist das Symbol des Schmuckes in Form einer Girlande, und Dhupa steht für den angenehmen Duft des Weihrauchs.

Wenn der Tote ihre inspirierende Hilfe ablehnt, zieht sein Stolz ihn zurück auf die menschliche Ebene mit all ihrem Elend, also auf die Ebene, die er soeben verlassen hat.

Die friedlichen Visionen des vierten Tages

Es kann sein, daß der Verstorbene trotz der Anleitung, die sein Helfer ihm gegeben hat, sich vor dem Licht des Mitgefühls fürchtet und vor ihm flieht, weil er voller Begehren ist und üble Taten begangen hat.

Darum begegnet er am vierten Tag dem erleuchteten Amitabha und seinem Gefolge, aber auch dem Pfad des Lichts, von seinem Begehren geschaffen, der zur Ebene der hungrigen Geister führt. Nun gibt ihm der Helfer den folgenden Rat:

Höre, [Name]! An diesem vierten Tag siehst du das rote Licht des reinen Elements Feuer. Jetzt kommt Amitabha aus dem roten westlichen Reich Sukhavati und erscheint vor dir. Seine Farbe ist rot, und er hält eine Lotusblüte in der Hand. Auf einem Pfauenthron sitzend, umarmt er seine Gefährtin Pandaravasini. Zwei Bodhisattvas, Avalokiteshvara und Manjushri, und zwei Göttinnen, Gita und Aloka, begleiten ihn.

Das rote Licht der Vorstellungskraft, das blendende, klare Rot des kritischen Bewußtseins, erstrahlt aus dem Herzen des erleuchteten Amitabha und seiner Gefährtin und durchdringt dich. Dieses Licht ist so hell, daß du es kaum ansehen kannst.

Gleichzeitig leuchtet das sanfte gelbe Licht der Ebene der hungrigen Geister und durchdringt dich. Da du aus Gewohnheit gierig und geizig bist, fürchtest du dich vor dem roten Licht und versuchst, vor ihm zu fliehen. Du fühlst dich vom sanften gelben Licht der Ebene der hungrigen Geister angezogen.

DIE VISIONEN IN DER PHASE DER HÖCHSTEN WIRKLICHKEIT

Kommentar

Dieser prachtvolle Reichtum kann den Verstorbenen überwältigen. Er fürchtet, in dieser Fülle und Großzügigkeit zu ersticken, und wendet sich wiederum erschrocken ab. Wenn das geschieht, erwacht in ihm das kritische Bewußtsein, das präzise zu unterscheiden vermag. Der Geist wird von einem strahlenden Rot überflutet, das vibriert und alles durchdringt.

Vor kurzem noch erstarrte der Verstorbene in Ehrfurcht, nachdem er erkannte, daß seine konstruierte Wirklichkeit keine Substanz hat und daß alle Dinge sich auf Ursachen zurückführen lassen und alle Personen und Dinge nichts weiter als vorübergehende Illusionen sind. Nun wird er mit seinem natürlichen Wissen konfrontiert, das ihm sagt, was wirklich gut und schlecht ist. Dies ist das spontane, kritische Bewußtsein, das mühelos erkennt, daß alle Wesen glücklich sein können und daß alle Aspekte der materiellen Welt nützlich sind. Dieses klare, kritische Bewußtsein erkennt sofort klar und deutlich, was nützlich ist und was nutzlos ist.

Gib deine Gier und deinen Geiz auf! Fürchte dich nicht vor dem hellen, klaren roten Licht, sondern erkenne es als das strahlende Licht des Bewußtseins. Entspanne dich und vertraue ihm. Wenn du es als das strahlende Licht deines wahren Selbstes erkennst, verschmilzt du untrennbar mit ihm und wirst erleuchtet, auch wenn du ihm nicht vertraust. Wenn du das Licht nicht als das Strahlen deines Wesen erkennst, bete wie folgt:

«Dies ist das strahlende Licht des erleuchteten, mitfühlenden Amitabha. Bei ihm will ich Zuflucht suchen!»

Der erleuchtete Amitabha befreit dich vom Schrecken dieser Phase des Todes. Dies ist das hakenförmige Licht des mitfühlenden Amitabha – vertraue ihm!

Laß dich nicht vom sanften, gelben Licht der Ebene der hungrigen Geister locken! Diesen verführerischen Weg zeigen dir deine üblen Taten, deine Gier und dein Geiz. Wenn du dich zu ihm hingezogen fühlst, fällst du auf die Ebene der hungrigen Geister hinab und leidest unerträglichen Hunger und Durst. Schaue dieses Licht nicht einmal an, denn es ist ein Hindernis auf dem Weg zur Befreiung. Überwinde deine Gier und deinen Geiz, und vertraue dem blendend gelben Licht und dem erleuchteten Amitabha. Sprich mit mir dieses Gebet:

«Wenn ich durch den Kreislauf der Wiedergeburten wandere, von Gier und Geiz getrieben, möge der erleuchtete Amitabha vor mir und seine Gefährtin Pandaravasini hinter mir gehen.

Mögen sie mich vor den Gefahren dieser Phase des Todes bewahren und mich zur vollkommenen Erleuchtung führen!»

Wenn der Tote dieses Gebet mit tiefem Vertrauen und tiefer Hingabe spricht, löst er sich in Licht auf und dringt ins Herz Amitabhas ein. Dort wird er zu einem verklärten, himmlischen Buddha in Sukhavati, der westlichen Buddha-Ebene.

Kommentar

Jetzt manifestiert sich das reine kritische Bewußtsein in Gestalt des Amitabha, des grenzenlosen Lichts, vereint mit seiner Gefährtin Pandaravasini, die weiß Gekleidete. Diese Wesen symbolisieren die Fähigkeit, sich von den illusionären Vergnügungen zu lösen, denen wir zu Lebzeiten nachjagen. Amitabha und Pandaravasini bleiben unberührt von Gier und Verlangen, von Wut, Abneigung und geistiger Blindheit.

Diese Wesen werden begleitet von den Bodhisattvas Avalokiteshvara, der die Schreie aller Wesen hört und aktives Mitgefühl verkörpert, sowie Manjushri, dem Edlen und Sanften, dem Symbol der Weisheit. Die Göttin Gita symbolisiert Kreativität durch Gesang; Aloka steht für das tröstende Licht und die wohltuende Wärme.

Wenn der Verstorbene jedoch ihre inspirierende Hilfe ablehnt, führt seine Gier ihn auf die Ebene der hungrigen Geister.

Die friedlichen Visionen des fünften Tages

Es kann sein, daß der Verstorbene trotz der Anleitung, die sein Helfer ihm gegeben hat, sich vor dem Licht des Mitgefühls fürchtet und vor ihm flieht, weil er neidisch ist und üble Taten begangen hat.

Darum begegnet er am fünften Tag dem erleuchteten Amoghasiddhi und seinem Gefolge, aber auch dem Pfad des Lichts, von seiner Eifersucht geschaffen, der zur Ebene der Halbgötter führt. Nun gibt ihm der Helfer den folgenden guten Rat:

Höre, [Name]! An diesem fünften Tag siehst du das grüne Licht des reinen Elements Wind. Jetzt kommt Amoghasiddhi aus dem grünen nördlichen Reich Prakuta und erscheint vor dir. Seine Farbe ist grün, und er hält gekreuzte Diamanten in der Hand. Auf einem Adlerthron sitzend, umarmt er seine Gefährtin Tara. Zwei Bodhisattvas, Vajrapani und Sarvanivarana, und zwei Göttinnen, Gahdha und Naivedya, begleiten ihn.

Das grüne Licht der Motivation, das blendende, klare Grün des aktiven Bewußtseins, erstrahlt aus dem Herzen des erleuchteten Amoghasiddhi und seiner Gefährtin und durchdringt dich. Dieses Licht ist so hell, daß du es kaum ansehen kannst.

Gleichzeitig leuchtet das sanfte rote Licht der Ebene der Halbgötter und durchdringt dich. Da du aus Gewohnheit gierig und geizig bist, fürchtest du dich vor dem grünen Licht und versuchst, vor ihm zu fliehen. Du fühlst dich vom sanften roten Licht der Ebene der Halbgötter angezogen.

Kommentar

Wenn der Verstorbene, von Neid geblendet, sich vor dem herrlichen Amitabha versteckt hat, wird er mit einem weiteren Aspekt seines Bewußtseins konfrontiert: mit dem Bewußtsein, das spontan Taten vollbringt.

So wie das vorige Bewußtsein das günstige Potential in allen Situationen klar erkannte, versetzt das aktive Bewußtsein den Verstorbenen in die Lage, intuitiv zu verstehen, wie er das Potential durch Handeln verwirklichen kann. Und so wie das kritische Bewußtsein die Neigungen und Tendenzen aller Wesen durchschaut, denen es begegnet, zeigt das neue Licht dem Toten, wie er sein Tun auf die Neigungen der Wesen abstimmen kann, damit sie erreichen, was sie brauchen, um ihre Aufgabe zu erfüllen.

Wenn das Feuer der Wut in uns brennt, strahlt dieses Bewußtsein tröstendes Mitgefühl aus. Wenn materielle oder spirituelle Armut uns schwächt, gibt es uns Kraft, indem es das Herz ermutigt. Wenn wir von Gier erfüllt sind, zeigt es uns, daß Großzügigkeit uns befreit. Wenn wir an sinnlichen Vergnügungen hängen, zeigt es uns die unbegrenzte Freiheit. Und wenn wir an Unwissenheit und Verwirrung leiden, zerstreut es alle unsere Zweifel.

*F*ürchte dich nicht vor dem hellen, klaren grünen Licht, sondern erkenne es als das strahlende Licht des Bewußtseins. Entspanne dich und vertraue ihm. Bete wie folgt: «Dies ist das strahlende Licht des erleuchteten, mitfühlenden Amoghasiddhi. Bei ihm will ich Zuflucht suchen!» Der erleuchtete Amoghasiddhi befreit dich vom Schrecken dieser Phase des Todes. Dies ist das hakenförmige Licht des mitfühlenden Amoghasiddhi – vertraue ihm!

Laß dich nicht vom sanften, roten Licht der Ebene der Halbgötter locken! Diesen verführerischen Weg zeigen dir deine üblen Taten, dein Neid und deine Eifersucht. Wenn du dich zu ihm hingezogen fühlst, fällst du auf die Ebene der Halbgötter hinab und leidest unter Zwietracht und Streit. Schaue dieses Licht nicht einmal an, denn es ist ein Hindernis auf dem Weg zur Befreiung. Überwinde deinen Neid und deine Eifersucht, und vertraue dem blendend gelben Licht und dem erleuchteten Amoghasiddhi. Sprich mit mir dieses Gebet:

«Wenn ich durch den Kreislauf der Wiedergeburten wandere, von Neid und Eifersucht getrieben, möge der erleuchtete Amoghasiddhi vor mir und seine Gefährtin Tara hinter mir gehen.

Mögen sie mich vor den Gefahren dieser Phase des Todes bewahren und mich zur vollkommenen Erleuchtung führen!»

Wenn der Tote dieses Gebet mit tiefem Vertrauen und tiefer Hingabe spricht, löst er sich in Licht auf und dringt ins Herz Amoghasiddhis ein. Dort wird er zu einem verklärten, himmlischen Buddha in Prakuta, der nördlichen Buddha-Ebene.

Kommentar

Jetzt erstrahlt das reine Bewußtsein, das spontan Taten vollbringt, in Gestalt von Amoghasiddhi, der ohne Fehler ist, und seiner Gefährtin Tara, der Erlöserin. Zusammen symbolisieren diese beiden die Herrschaft über die universelle Kausalität. Sie wollen uns sagen, daß wir alle Probleme mühelos lösen können, wenn wir diese Facette der Erleuchtung entwickeln.

Begleitet werden diese Wesen von den Bodhisattvas Vajrapani, der einen Diamanten (Vajra) in der Hand hält und die untrennbare Einheit zwischen Einsicht und Geschicklichkeit symbolisiert, und Sarvanivarana-vishkambhin, der alles Unreine beseitigt, das Symbol der Fähigkeit, alle Hindernisse zu überwinden und das negative Denken abzulegen. Die Göttin Gandha verkörpert den köstlichen Duft, Naivedya symbolisiert die belebende Nahrung.

Wenn der Verstorbene jedoch auch diesmal die inspirierende Hilfe dieser Wesen ablehnt, treibt seine Eifersucht ihn unweigerlich auf die Ebene der Halbgötter, wo Neid und Unzufriedenheit für ewigen Streit sorgen.

Die friedlichen Visionen des sechsten Tages

Obwohl der Helfer wiederholt auf die Bedeutung der Visionen hingewiesen und sie erklärt hat, kann es sein, daß der Verstorbene von seinen negativen Tendenzen überwältigt wird.

Er hat das reine Bewußtsein nie zuvor kennengelernt und fürchtet sich vor dem strahlenden Licht des Mitgefühls. Daher wandert er ziellos hin und her.

Am sechsten Tag erscheinen ihm alle fünf Buddhas nebst Gefährtinnen und Gefolge gleichzeitig.

Die sechs Arten der Existenz erscheinen ihm ebenfalls gleichzeitig als trübe Lichter. Jetzt ruft der Helfer den Toten beim Namen und gibt ihm die folgende Anleitung:

Höre, [Name]! Hör mir genau zu, (Name)! Ich habe dir die fünf Gruppen von erleuchteten Wesen, die dir erschienen sind, genau erklärt. Aber wegen deiner negativen Tendenzen hast du dennoch Angst bekommen und bist jetzt gestrandet. Hättest du das Licht wenigstens eines Bewußtseins als deine eigene Projektion durchschaut, hättest du dich als Regenbogenlicht in einem dieser Buddhas aufgelöst und dich in einen himmlischen Buddha verwandelt. Du hast sie jedoch nicht als das erkannt, was sie sind, und darum wanderst du immer noch ziellos herum. Nun sei wachsam! Die fünf Gruppen von Buddhas und die vier Arten des Bewußtseins werden jetzt verschmelzen und dich geleiten. Du mußt sie erkennen!

Kommentar

Der Text hat die fünf Aspekte der Erleuchtung nebst ihren spirituellen Helfern in Form von Göttern dargestellt und beschrieben, wie sie sich als Bilder auf der spirituellen Zwischenebene verkörpern.

Wenn wir Erfahrung mit der Meditation haben, können wir sie schon zu Lebzeiten sehen und als das durchschauen, was sie sind. Andernfalls überwältigen uns die negativen Aspekte dieser Arten des Bewußtseins, und wir empfinden Wut und Gier.

•

An diesem Punkt des Todeserlebnisses wird der Verstorbene mit allen fünf Gruppen von Wesen gleichzeitig konfrontiert. Es handelt sich um das Licht seines eigenen wahren Selbstes, vor dem er nicht fliehen kann.

Wenn die Identität des Toten sich auflöst, wird sein Geist von selbst auferlegten Grenzen befreit und kann ungehindert expandieren. Das reine Licht des Geistes haftet jetzt nicht mehr an den Elementen der Persönlichkeit – Form, Gefühl, Wahrnehmung, Motive –, von denen es bisher eingeschränkt wurde, und es streift die Fesseln des Ichs ab.

Formen sind nun leer und ohne Grenzen, und der Geist kann sie mühelos durchdringen. Gefühle sind nicht mehr eindeutig angenehm oder unangenehm, weil sie sich so gründlich vermischt haben, daß alle geistigen Vorgänge erschreckend und wundervoll zugleich sind. Wahrnehmungen lassen sich nicht mehr als Geräusch, Geschmack, Geruch und so weiter unterscheiden, weil Ohren, Zunge und Nase nicht mehr vorhanden sind, so daß alle Wahrnehmungen den Geist unmittelbar und ohne Grenzen überfluten.

Es gibt keine Willensimpulse mehr, denn es ist nichts mehr da, an dem der Geist haften könnte, und er sieht weder Richtung noch Ziel.

Weiße, gelbe, rote und grüne Lichter, die vier reinen Elemente, leuchten nun auf.

Vairochana und seine Gefährtin kommen aus ihrem Reich Ghanavyuha und erscheinen im Osten. Ratnasambhava und seine Gefährtin kommen mit ihrem Gefolge aus dem Reich Shrimat und erscheinen im Süden. Amitabha und seine Gefährtin kommen mit ihrem Gefolge aus dem Reich Sukhavati und erscheinen im Westen. Amoghasiddhi und seine Gefährtin kommen mit ihrem Gefolge aus dem Reich Prakuta und erscheinen im Norden.

Auch die vier zornigen Türhüter versammeln sich um diese fünf Gruppen von Buddhas: der weiße Vijaya mit seiner Gefährtin Ankusha im Osten, der gelbe Yamantaka mit seiner Gefährtin Pasha im Süden, der rote Hayagriva mit seiner Gefährtin Shrinkhala im Westen und der grüne Amritakundali mit seiner Gefährtin Ghanta im Norden.

Sechs rettende Buddhas erscheinen ebenfalls – ein weißer Indra für die Götter, ein grüner Vemacitra für die Halbgötter, ein gelber Shakyasimha für die Menschen, ein blauer Dhruvasimha für die Tiere, ein roter Jvalamukha für die hungrigen Geister und ein schwarzer Dharmaraja für die Hölle.

Auch der allgütige Vater und die allgütige Mutter erscheinen jetzt.

Kommentar

Wir können uns das erleuchtete, wahre Selbst in seiner vollkommenen, reinen Form als Struktur vorstellen, die einem Mandala ähnelt. Es leuchtet im Zentrum und strahlt im Uhrzeigersinn nach außen.

Im Bardo des Todes und in der tiefen, schöpferischen Meditation manifestieren sich plötzlich alle grenzenlosen Möglichkeiten der menschlichen Existenz als Symbole, die den Himmel bedecken.

Jetzt strahlt die ganze Pracht dieses Ur-Mandalas auf, gefüllt mit Bildern der Aspekte der Erleuchtung, mit ihren Gefährtinnen, ihrem Gefolge sowie den männlichen und weiblichen Helfern. Sie erscheinen gemeinsam als Symbole der Einheit aller Dinge. Die Elemente der Wirklichkeit vereinigen sich also mit ihren Eigenschaften und sind in einen herrlichen Wandteppich verwoben. Ihr unendliches Mitgefühl erreicht die Herzen aller Wesen und befreit sie.

Vom Himmel bis zur Hölle strahlt die Erleuchtung nach außen und manifestiert sich auf allen Ebenen der Existenz, um die Wesen vom Leiden zu erlösen. Die Erleuchtung nimmt eine Gestalt an, die für die verschiedenen Arten von Wesen und deren Fehler am geeignetsten ist. Jeder dieser sechs Buddhas ist ein Erlöser in seinem speziellen Bereich. Er überwindet den Stolz der Götter, den Neid der Halbgötter, die materiellen Bindungen der Menschen, die Unwissenheit der Tiere, die Gier der hungrigen Geister und den Haß der Hölle. Sie zeigen uns, daß das Mitgefühl der Erleuchtung immer für uns da ist, sofern wir uns ihm öffnen.

Diese zweiundvierzig Wesen kommen aus deinem Herzen und erscheinen vor dir. Erkenne sie als Manifestationen deiner eigenen, geläuterten Projektionen!

Diese Ebenen existieren allein in der Mitte und in den vier Richtungen deines Herzens. Sie kommen jetzt aus deinem Herzen und erscheinen vor dir. Sie kommen nicht von außen, sondern bilden sich in der Energie deines Selbstes. Darum erkenne sie als deine Projektionen!

Diese Wesen sind vollkommen – weder zu groß noch zu klein –, und jedes hat seinen Schmuck, seine Kleider und seine Farbe, seine Haltung, seinen Thron und seine Symbole. Jeder der fünf Buddhas umarmt seine Gefährtin, und jede Gruppe ist von einem Regenbogen aus Licht umgeben. Das gesamte Mandala mit allen männlichen und weiblichen Wesen erscheint vor dir. Es sind deine persönlichen Gottheiten – erkenne sie als solche!

Das Herz dieser fünf Buddhas und ihrer Gefährtinnen strahlt das subtile, klare Licht der fünf Arten des Bewußtseins aus, und zusammen scheinen diese Lichter wie ein Band aus Sonnenstrahlen in dein Herz.

Kommentar

Dieses Mandala ist eine Verkörperung der fünf Aspekte der Erleuchtung, die sich ausbreitet und alle Wesen umarmt. Die Eingänge zu diesem Mandala liegen in jeder der vier Himmelsrichtungen und werden von Wesen bewacht, die liebevolle Güte, Mitgefühl, Mitfreude und Gleichmut symbolisieren.

Die vier Tugenden sind das Gegenstück zu unseren negativsten Emotionen. Die liebevolle Güte überwindet den Haß, das Mitgefühl das Anhaften, die Mitfreude den Neid, der Gleichmut den Stolz. Die Türhüter des Mandalas verkörpern diese Tugenden.

Im Osten stehen Vijaya und seine Gefährtin mit dem Haken der grenzenlose Liebe, der die Herzen aller Wesen einfängt. Im Süden stehen Yamantaka und seine Gefährtin mit der Schlinge des grenzenlosen Mitgefühls, die uns alle fesselt. Im Westen stehen Hayagriva und seine Gefährtin mit den eisernen Ketten der grenzenlosen Freude, der niemand entrinnen kann. Im Norden stehen Amritakundali und seine Gefährtin mit der tönenden Glocke des grenzenlosen Gleichmuts, der niemanden verurteilt.

Diese vier grenzenlosen Tugenden sind die Essenz des vollkommenen Mandalas, verkörpert von den alles umfassenden Gestalten des allgütigen Vaters und der allgütigen Mutter, die sich vereinigen. Dieses Urpaar, das Symbol der Erleuchtung, die wir nie verloren haben, ist nackt und schmucklos, und das ganze Mandala der friedlichen Götter strahlt aus ihrem reinen, natürlichen, schlichten Herzen.

Wenn wir sterben, lassen wir die Welt der Illusionen hinter uns. Wir müssen alle unsere Vorurteile ablegen. Es fällt uns nach und nach immer schwerer, an der Wirklichkeit zu haften, weil das Bewußtsein explodiert und sich in ein Kaleidoskop von Lichtkugeln und Regenbögen auflöst.

Das Herz Vairochanas strahlt weißes Licht aus, blendend und ehrfurchtgebietend. Es ist das Licht des Wissens um die Wirklichkeit als Kontinuum, und es dringt in dein Herz. In diesem Lichtstrahl siehst du weiße Perlen aus Licht, überaus hell, blendend und ehrfurchtgebietend, wie Spiegel, die dich anschauen. Diese Lichtperlen sind ebenfalls mit fünf ähnlichen Perlen aus Licht geschmückt, und jede von diesen ist ihrerseits mit fünf Perlen aus Licht geschmückt und so weiter bis ins Unendliche.

Das Herz Akshobhyas strahlt blaues Licht aus. Es ist das Licht des Wissens, das einem Spiegel gleicht, und es dringt in dein Herz. In diesem Lichtstrahl siehst du azurblaue Perlen aus Licht, wie türkisfarbene Schalen, die dich anschauen. Diese Lichtperlen sind ihrerseits mit fünf Perlen aus Licht geschmückt und so weiter bis ins Unendliche.

Das Herz Ratnasambhavas strahlt gelbes Licht aus. Es ist das Licht des Wissens um die Einheit aller Dinge, und es dringt in dein Herz. In diesem Lichtstrahl siehst du gelbe Perlen aus Licht, wie goldene Schalen, die dich anschauen. Diese Lichtperlen sind ihrerseits mit fünf Perlen aus Licht geschmückt und so weiter bis ins Unendliche.

Das Herz Amitabhas strahlt rotes Licht aus. Es ist das Licht des kritischen Wissens, und es dringt in dein Herz. In diesem Lichtstrahl siehst du rote Perlen aus Licht, wie korallenrote Schalen, die dich anschauen. Diese Lichtperlen sind ihrerseits mit fünf Perlen aus Licht geschmückt und so weiter bis ins Unendliche.

Kommentar

Der Verstorbene wird nun von Lichtern geblendet, die aus jeder Richtung auf ihn eindringen. Es ist ein furchterregendes Erlebnis, und der Helfer muß sich bemühen, ihn zu beruhigen.

Der Zyklus der Geburten und des Todes hat keinen Anfang, und er ist sinnlos, wenn der Verstorbene ihn jetzt nicht versteht. Selbst wenn er nie etwas von spirituellem Wert vollbracht hat, muß er nun damit anfangen! Davon sollte der Helfer den Toten nach besten Kräften überzeugen; andernfalls führt sein Hochmut ihn noch tiefer ins Elend.

Zu Lebzeiten sollten wir einen spirituellen Freund suchen, der uns den spirituellen Weg zeigt. Wenn wir ihn gefunden haben, müssen wir ihm hingebungsvoll dienen. Es ist sehr nützlich, an einem ruhigen Ort ein einfaches Leben zu führen und regelmäßig zu meditieren, bis wir wahre Erkenntnis erlangen.

Leider lassen wir uns von weltlichen Dingen leicht ablenken, und wenn wir nicht sehr beharrlich sind, kommen wir auf unserer Suche nach der Wahrheit nicht weit.

*A*uch diese Lichtstrahlen erzeugt die Energie deines reinen Geistes, nicht die äußere Welt. Darum hafte nicht an ihnen und fürchte dich nicht! Bleibe gelassen und urteile nicht. Alle Bilder von Wesen und Lichtern werden sich in dir auflösen, und du wirst erleuchtet sein.

Du mußt verstehen, daß das grüne Licht des aktiven Bewußtseins dir jetzt nicht erscheint, weil die Energie deines Geistes noch unreif ist.

Nun hast du die vier Arten des Bewußtseins kennengelernt, die Tore zur unteilbaren göttlichen Einsicht und Reinheit.

Wenn du sie als deine eigenen Projektionen erkennst, erreichst du den unwandelbaren Pfad der reinen Wirklichkeit. Du löst dich im großen, spontanen reinen Geist auf und wirst als verklärter himmlischer Buddha erleuchtet. Dann bist du dem Kreislauf der Existenzen für immer entronnen.

Gleichzeitig mit dem strahlenden Licht der vier Arten des Bewußtseins erscheinen dir auch die unreinen, irreführenden Lichter der sechs Arten der Existenz: das trübe weiße Licht der Götter, das trübe rote Licht der Halbgötter, das trübe blaue Licht der Menschen, das trübe grüne Licht der Tiere, das trübe gelbe Licht der hungrigen Geister und das trübe graue Licht der Hölle. Laß dich von keinem dieser Lichter anlocken, sondern bleibe entspannt und urteile nicht. Wenn du dich vor den strahlenden Lichtern fürchtest und dich zu den unreinen Arten der Existenz hingezogen fühlst, verkörperst du dich auf einer dieser Ebenen. Dann erfährst du nur Elend und kannst dem sinnlosen Kreislauf der Geburt und des Todes nicht entrinnen.

Kommentar

Im Bardo des Todes erfahren wir die Wirklichkeit unmittelbar und erreichen unser Ziel daher leichter. «Wacht auf, ihr Verstorbenen! Versäumt nicht diese wertvolle Gelegenheit, zur Erkenntnis zu gelangen. Euer wahres Selbst tanzt wie ein wirbelndes Bild vor eurem Antlitz. Schaut es an! Versteckt euch nicht. Erkennt es als das, was es ist, und habt keine Angst. Wenn ihr euch diese Gelegenheit entgehen laßt, werdet ihr auf einer Ebene der Illusionen wiedergeboren, und vielleicht könnt ihr euch nie mehr daraus befreien.»

•

Es ist überaus wichtig und leider auch selten, daß wir die Wirklichkeit unter der Anleitung eines qualifizierten Lehrers erfahren dürfen. Das ist eine einzigartige Chance – ein Blinder stolpert über eine Schatztruhe. Diese Chance müssen wir nutzen und dürfen uns nicht von der äußeren Welt und ihren verführerischen Bildern ablenken lassen. Es könnte die einzige Chance sein, alle unsere Träume zu verwirklichen. Wenn wir uns jetzt ablenken lassen, wird alles andere, was wir vielleicht erreicht haben, bedeutungslos!

Eine Million Fakten und Zahlen im Kopf sind kein Ersatz für einen kurzen Blick ins Herz der wahren Wirklichkeit. Wir müssen begreifen, daß alles vergänglich ist, und dürfen nicht zaudern. Wenn wir jetzt Zeit vergeuden, werden wir es später bereuen. Wir gleichen dann einem Toren, der Gift trinkt und sich selbst zerstört.

Wenn kein Lehrer dich angeleitet hat, wirst du dich vor diesen Wesen und vor dem reinen Licht des Bewußtseins fürchten und dich zum unreinen Licht der zyklischen Existenz hingezogen fühlen. Widerstehe diesem Drang, und versuche, dem blendenden Licht zu vertrauen. Denke daran, daß die erleuchteten Buddhas dieses Licht gesandt haben, um dir mit ihrem Mitgefühl zu helfen. Widerstehe dem trüben Licht der sechs Arten der Existenz, und bete mit konzentrierter Ernsthaftigkeit zu den fünf Buddhas und ihren Gefährtinnen:

«Wenn ich durch den Kreislauf der Existenzen wandere, getrieben von den fünf Giften des negativen Denkens, mögen mir die fünf Buddhas auf dem leuchtenden Pfad der vier Arten des Bewußtseins vorausgehen und ihre Gefährtinnen hinter mir.

Mögen sie mich vor den Gefahren dieser Phase des Todes bewahren und mich auf die fünf reinen Buddha-Ebenen führen.»

Die meisten Menschen erkennen die wahre Natur der Visionen und werden befreit, wenn sie diese klare Anleitung erhalten.

Kommentar

Die ganze Lehre des Buddha ist in den vier edlen Wahrheiten enthalten, die er seinen ersten Schülern verkündete.

Alles Leben ist unablässigem Leiden unterworfen, so sehr, daß wir glauben, glücklich zu sein, wenn das Leiden ein wenig nachläßt. Wir leiden, wenn wir etwas verlieren, an dem wir hängen, und darum leiden wir immer; denn alles wandelt sich und verfällt. Wenn es heiß ist, lechzen wir nach Kühle, und wenn es kalt ist, sehnen wir uns nach Wärme.

Wir wollen dem Leiden entfliehen, und darum fliehen wir vor seiner vermeintlichen Ursache und leiden dann noch mehr. Da wir wenig Einfluß auf die Umwelt haben, können wir Unglück trotz aller Mühe nie verhindern. Auch der Körper ist Schmerzen unterworfen – ihn quälen Hunger und Durst, Krankheit und Verletzungen. Niemand entkommt dem Leiden auf die Dauer.

Die eigentliche Ursache des Leides ist unser Streben nach Lust und unser Haften an Dingen, die Leiden verursachen. Da wir nicht erkennen, was diese Welt wirklich ist, reagieren wir auf die Phantome unserer Wahrnehmungen mit Lust oder Abscheu.

Wir begehren und hassen, wir sind stolz und eifersüchtig, und darum handeln wir so, daß wir und andere leiden müssen. Da wir so mit der Welt umgehen, neigen wir dazu, die Ursachen des Leidens von diesem Leben ins nächste mitzunehmen.

Aber die dritte Wahrheit lehrt uns, daß es aus diesem Kreislauf ein Entkommen gibt, und die vierte zeigt uns den Weg dazu, nämlich ein System aus Moral, Einsicht und Meditation.

Die Visionen des siebten Tages

Es gibt jedoch unglückliche Menschen, die überhaupt keine spirituelle Ausbildung genossen haben, an abgeschiedenen Orten lebten oder nachlässig waren.

Sie lassen sich von ihren früheren Taten in die Irre führen und wandern ziellos umher, selbst wenn sie in dieser Phase des Todes belehrt wurden.

Am siebten Tag kommen ernste Vidyadharas nebst Gefolge aus der reinen himmlischen Ebene, um den Verstorbenen zu begleiten. Gleichzeitig erscheint das trübe grüne Licht des Unwissens, das den Toten auf die Ebene der Tiere führt.

Auch jetzt muß der Helfer den Verstorbenen anleiten:

Höre mir genau zu, [Name]! Am siebten Tag erstrahlt ein reines, vielfarbiges Licht aus geläuterten negativen Neigungen, und eine Schar von Vidyadharas kommt aus der reinen himmlischen Ebene, um dich zu begleiten.

In der Mitte eines Mandalas, eingehüllt in Licht und Regenbögen, erscheint der höchste Vidyadhara der Reife, der Herr des Tanzes mit der roten Lotusblüte. Sein Körper strahlt in den fünf Farben, und er umarmt seine rote Dakini-Gefährtin. Sie tanzen mit gekrümmten Messern und Totenschädeln voller Blut in den Händen und starren hinauf zum Himmel.

DIE VISIONEN IN DER PHASE DER HÖCHSTEN WIRKLICHKEIT

Kommentar

Vielleicht hatte der Verstorbene zu seinen Lebzeiten das Glück, spirituelle Freunde zu finden – aber er hörte so oft nicht auf sie.

In diesem Stadium des Todes erscheinen ihm symbolische Gestalten von Lehrern, tantrische Meister mit ernstem Gesicht. Die friedlichen Buddhas sind jetzt verschwunden. Die neuen Gestalten erinnern den Toten an das, was er zu Lebzeiten gelernt hat, und tadeln ihn dafür, daß er so halbherzig nach Befreiung strebte.

Diese Lehrer tragen die Gewänder wilder, heldenhafter Yogis und gleichen jenen Asketen, die im alten Indien auf Leichenfeldern meditierten. Es sind göttlich inspirierte Weise, deren ekstatische Tänze der Befreiung die Macht der Wahrheit beweisen.

Auf dem Kopf tragen sie Kronen aus fünf Schädeln – sie wurden von den fünf Buddhas gesegnet. Ihre Ohrringe zeigen, daß sie ständig die Lehre hören, und die Halsbänder deuten an, daß sie immer die Wahrheit sagen. Armbänder und Armreifen künden von ihren erleuchteten Taten, und Gürtel aus Knochen, die Schürzen gleichen, bestätigen, daß sie reine Gelübde einhalten. Sie tragen Hemden aus Tigerhaut, Symbole ihrer Herrschaft über die Sinne und Gefühle.

Die Musik der Trommeln aus Menschenschädeln und der Trompeten aus Knochen deuten an, daß sie sich der Vergänglichkeit aller Erscheinungen bewußt sind.

Sie schwenken Fahnen aus Menschenhaut, weil sie die Schleier der Illusion abgeworfen haben, und ihr verspielter Umgang mit dem Tod zeigt, daß sie die irdische Ebene transzendiert haben.

Sie stillen ihren Durst mit dem Blut in den Totenschädeln, weil sie frei von Gier sind. Die scharfen Messer zerschneiden falsche Auffassungen mit einem einzigen Streich.

Im Osten des Mandalas erscheint nun der Vidyadhara mit dem Namen «Der auf den Ebenen Wohnende». Sein Körper ist weiß, und er lächelt. Er umarmt seine Gefährtin, eine weiße Dakini, und sie tanzen mit krummen Messern und Schädeln voller Blut und blicken dabei hinauf zum Himmel.

Im Süden des Mandalas erscheint nun der Vidyadhara mit dem Namen «Der das Leben meistert». Sein Körper ist gelb, und er lächelt. Er umarmt seine Gefährtin, eine gelbe Dakini, und sie tanzen mit krummen Messern und Schädeln voller Blut und blicken dabei hinauf zum Himmel.

Im Westen des Mandalas erscheint nun der Vidyadhara mit dem Namen «Das große Sigel». Sein Körper ist rot, und er lächelt. Er umarmt seine Gefährtin, eine rote Dakini, und sie tanzen mit krummen Messern und Schädeln voller Blut und blicken dabei hinauf zum Himmel.

Im Norden des Mandalas erscheint nun der Vidyadhara mit dem Namen «Spontane Errungenschaft». Sein Körper ist grün, und er lächelt. Er umarmt seine Gefährtin, eine grüne Dakini, und sie tanzen mit krummen Messern und Schädeln voller Blut und blicken dabei hinauf zum Himmel.

Umgeben sind diese Vidyadharas von zahllosen Dakinis aus allen Friedhöfen und von allen Orten, zu denen Menschen pilgern, sowie von den Beschützern der Religion. Sie tragen Schmuck aus Knochen, Trompeten aus Knochen, Trommeln aus Schädeln und Fahnen, Bänder und Wimpel aus Menschenhaut, und ihr Weihrauch ist verbranntes Menschenfleisch. Sie tanzen, wiegen sich und schütteln sich und füllen alle Ebenen des Universums, als wollten sie deinen Kopf spalten. Sie begleiten jene, die ihrer Religion treu waren, und bestrafen jene, die untreu waren.

DIE VISIONEN IN DER PHASE DER HÖCHSTEN WIRKLICHKEIT

Kommentar

Diese tantrischen Meister, «Träger des Bewußtseins» (vidyadhara) genannt, gehören fünf Gruppen an, die den fünf traditionellen Stadien des buddhistischen Pfades zur Erleuchtung entsprechen.

Zunächst gilt es, sich Verdienste zu erwerben. In dieser Phase wendet der Anfänger den Geist den Tugenden zu und legt dafür den Grundstein für seine Begegnung mit einem spirituellen Lehrer. Dann dringt er, inspiriert von seinem Lehrer, tiefer in die Lehre ein und erlangt Einsicht. Jetzt versteht er alles, was er bisher gelernt hat, und kümmert sich nicht mehr um Worte und Äußerlichkeiten der Religion, weil er ihre wahre Bedeutung erfaßt hat. Nun geht er den Weg der Meditation. Er nimmt das erworbene Verständnis in den Strom seines Geistes auf, so daß es für ihn keinen Unterschied zwischen Theorie und Praxis mehr gibt.

Wenn alles, was er erkannt hat, zur Grundlage seines Seins wird, braucht der Schüler nichts mehr zu lernen. Die Kennzeichen dieses letzten Stadiums sind natürliche Spontaneität, Freude und Freiheit.

Aus dem Herzen der Vidyadharas strahlt nun das spontane Bewußtsein, das geläuterte Negativität ist. Es sind fünf blendende Lichter, wie bunte Perlen aneinandergereiht, und sie dringen dir ins Herz. Gleichzeitig siehst du das trübe grüne Licht der tierischen Ebene. Wegen deiner Illusionen fürchtest du dich vor den bunten Lichtern und versuchst zu fliehen. Das trübe grüne Licht der tierischen Ebene zieht dich an. Fürchte nicht die blendenden Lichter, sondern erkenne, daß sie dein Bewußtsein sind.

Mitten aus dem strahlenden Licht hörst du die Wahrheit, laut wie tausend Donnerschläge. Es ist ein tosender, erschütternder Lärm, begleitet von zornigen Mantras. Fürchte dich nicht, und versuche nicht zu fliehen!

Erkenne den Lärm als die Energie deines eigenen reinen Geistes und deiner eigenen Projektionen.

Laß dich nicht vom trüben grünen Licht der tierischen Ebene anlocken, sonst stürzt du auf diese Ebene der Unwissenheit, der Dummheit und der Sklaverei, ohne Hoffnung auf ein Entkommen.

Kommentar

Diese fünf natürlichen, spontanen Vidyadharas hängen mit den fünf Aspekten zusammen, die Voraussetzung für die Erleuchtung oder Buddhaschaft sind. Da sie die höchste Wahrheit erkannt haben, manifestieren sie sich als Weisheit. Dieses tiefe Verständnis gilt als Verkörperung der Wahrheit. Es ist die höchste Vollkommenheit des Bewußtseins, und nur wer sie erreicht hat, kann sie wirklich verstehen.

Die fünf Gestalten strahlen das große Mitgefühl aus, das sich mühelos allen Wesen mitteilt, die den spirituellen Weg gehen, und sie besitzen Körper aus Licht, Verkörperungen der Sprache. Wenn Buddhas und Bodhisattvas sich auf der Ebene der Freude versammeln, kommunizieren sie miteinander durch diese Lichtkörper.

Auf der Ebene der empfindenden Wesen erscheinen diese Gestalten jedoch als menschliche Lehrer aus Fleisch und Blut – im «Körper der Manifestation». Seine äußere Form ist allen sichtbar, und manche finden nichts Besonderes daran. Das heißt jedoch nicht, daß dieser Körper unwichtig wäre.

Erleuchtete Wesen haben die Ketten zerbrochen, die sie an den Kreislauf der Wiedergeburten gefesselt haben, und nehmen auf der Erde nur zum Wohle anderer physische Form an.

Da ihr Körper als Folge ihres Mitgefühls geboren wird, geht die Geburt oft mit wundersamen Ereignissen einher, und der Körper weist besondere Merkmale auf. Man sagt, der Körper eines Buddhas besitze 32 wichtige Zeichen und 8 weniger wichtige, und jedes weise auf einen Aspekt seiner Größe hin.

Weise können diese Zeichen sehen, während gewöhnliche Menschen einen Buddha für einen gewöhnlichen Menschen halten. Im Inneren besitzen diese Wesen jedoch einen Körper, der «integrale Verkörperung des wahren Selbstes» genannt wird, weil Körper, Sprache und Geist ein harmonisches Ganzes bilden. Wegen ihrer tiefen Einsicht sagt man auch, sie besäßen einen Körper der Glückseligkeit.

*V*ertraue den fünf blendenden Lichtern, und konzentriere dich auf die Schar der erleuchteten Vidyadharas. Denke: «Diese Vidyadharas sind mit den Helden und Dakinis gekommen, um mich auf die reine himmlische Ebene zu begleiten. Mögen sie an die Wesen denken, die wie ich wenig Verdienste oder Einsicht erworben haben. Mögen sie Mitleid mit den Wesen haben, die sich nicht dem strahlenden Licht des Mitgefühls anvertraut haben, das die fünf Gruppen von Buddhas ausstrahlten. Laßt mich nicht tiefer sinken, ihr Vidyadharas, sondern haltet mich mit eurem Mitgefühl fest und zieht mich hinauf auf die reine himmlische Ebene!»

Nun bete mit großem Ernst: «Denkt an mich, ihr Vidyadharas, und begleitet mich mit eurer großen Güte auf dem Weg. Wenn ich durch den Kreislauf der Existenzen wandere, getrieben von meinen negativen Neigungen, dann mögen die Vidyadharas vor mir auf dem hellen Pfad des spontanen Bewußtseins gehen und die Dakinis hinter mir.
Mögen sie mich vor den Gefahren des Todes erretten und mich auf die reine Ebene begleiten.»

Wenn der Verstorbene voller Hingabe und Vertrauen betet, löst er sich in Licht auf, das ins Herz der Vidyadharas eindringt. Dann wird er auf der reinen Ebene des Himmels geboren.

Kommentar

Die tanzenden Vidyadhara-Lehrer, die am siebten Tag erscheinen, strahlen nicht aus dem Herzen des Verstorbenen wie die friedlichen Gottheiten. Das Mandala der friedlichen Buddhas war die natürliche Manifestation des Herzens. Nach der vollständigen Trennung des Bewußtseins vom Körper hörten diese friedlichen Visionen jedoch auf.

Bald beginnt der Körper zu verfallen, und nun kommen die schrecklichen Gestalten der zornigen Gottheiten aus ihrer Wohnung im Gehirn.

Am siebten Tag, während der kurzen Übergangsphase zwischen der Auflösung des Geistes und des Körpers, tauchen Erinnerungen an die Religion auf, und zwar in Form eines Mandalas aus göttlichen Lehrern, die aus der Kehle des Toten steigen. Den Samen dieser Manifestation haben weise Lehrer, die der Tote zu Lebzeiten gekannt hat, ins Sprechzentrum des Halses gepflanzt. Jetzt erinnert er sich an diese weisen, mitfühlenden Lehrer und hat noch einmal die Chance, sich mit den Bildern zu vereinigen, die aus seinem eigenen Bewußtsein aufsteigen, und dadurch befreit zu werden.

Die zornigen Visionen des achten Tages

Bisher hat der Verstorbene sieben Stadien des Todes erlebt, die mit Gefahren verbunden waren. Zahllose Verstorbene, die über diese Stadien belehrt wurden, haben eines von ihnen erkannt und wurden befreit.

Aber es gibt auch viele Menschen mit schlechtem Karma, die unwissend sind und dem Kreislauf der Existenzen nicht entrinnen können. Ihr Weg führt nach unten, selbst wenn sie diese Anleitungen erhalten haben.

Nachdem die friedlichen Wesen und die Vidyadharas mit den Dakinis erschienen sind, tauchen 58 zornige, Blut trinkende Gestalten auf, und der Verstorbene wird von Angst und Schrecken überwältigt. Es fällt ihm schwer, irgend etwas zu durchschauen. Er kann überhaupt nicht mehr vernünftig denken und fühlt sich schwach und benommen.

Dennoch kann er sich mühelos befreien, wenn er dieses Erlebnis wenigstens ein bißchen versteht. Sein Geist ist jetzt nämlich sehr konzentriert, weil die fürchterlichen Visionen ihn derart erschrecken, daß nichts seine Aufmerksamkeit ablenken kann.

Kommentar

Während der ersten sechs Tage nach dem Tod lösen sich die groben, äußeren Aspekte des Geistes allmählich auf und bringen die 42 friedlichen Gottheiten hervor, die bestimmte Facetten des erleuchteten Geistes verkörpern. Sie steigen aus ihrem Zentrum im Herzen. Am nächsten Tag lösen sich die subtilen, inneren Aspekte des Geistes auf, und es erscheinen die *Vidyadhara*-Lehrer und ihr Gefolge aus dem Sprechzentrum im Hals. Dann lösen auch die subtilen innersten Aspekte des Geistes sich auf und bringen die 58 zornigen, Blut trinkenden Gottheiten aus ihrem Zentrum im Kopf hervor.

Nun verfallen Körper und Geist rasch, und es ist kaum noch etwas von der einstigen Persönlichkeit übrig, an dem der Tote haften könnte. Darum gerät das Ich in Panik. Früher glaubte es, es sei ebenso dauerhaft und solide wie die Welt; jetzt ist die Grundlage dieses Glaubens zerstört, und die Folge sind schreckliche Halluzinationen. Das falsche Ich hat immer gefürchtet, entlarvt zu werden, und sich stets bemüht, seine Illusion angesichts der Offenheit der Welt aufrechtzuerhalten.

Die Kräfte der Natur haben sich dem Ich immer widersetzt, und darum wollen so viele Menschen die Natur erobern und ihre Gesetze brechen. Um ihr zerbrechliches Ich zu schützen, wollen sie nicht mit der Natur zusammenarbeiten und harmonisch und friedvoll mit ihr leben, sondern kämpfen gegen sie an und unterwerfen sie der Herrschaft des Ichs.

NUN RUFT DER HELFER den Verstorbenen dreimal und gibt ihm diese Anleitung:

Höre, [Name]! Die friedlichen Wesen sind dir bereits erschienen, aber du hast sie nicht durchschaut. Jetzt befindest du dich in einer neuen Phase des Todes. Von diesem achten Tag an wird dir eine Schar zorniger, Blut trinkender Wesen erscheinen. Laß dich nicht ablenken, und versuche, sie zu erkennen!

Der große, herrliche Buddha Heruka erscheint aus der Mitte deines Kopfes. Sein Körper ist dunkelbraun, und er hat drei Köpfe, sechs Arme und vier ausgestreckte Beine. Er hat drei Gesichter: das rechte ist weiß, das linke rot, das mittlere dunkelbraun. Sein Körper strahlt helles Licht aus, und seine neun Augen starren dich furchterregend an. Seine Augenbrauen sind wie Blitze, seine Zähne funkeln wie glänzendes Kupfer. Er lacht dröhnend und zischt laut. Sein braunes Haar ist aufgerichtet, sein Kopf ist mit einer Krone aus Schädeln und aus Sonne und Mond geschmückt. Er trägt Girlanden aus schwarzen Schlangen und abgeschlagenen Köpfen.

Seine oberste rechte Hand hält ein Rad, die zweite hält eine Axt, die dritte ein Schwert. Seine oberste linke Hand hält eine Glocke, die zweite eine Pflugschar, die dritte einen Totenschädel.

Seine Gefährtin Buddha-Krodheshvari umschlingt ihn, umklammert seinen Hals mit ihrem rechten Arm und hält ihm mit der linken Hand einen mit Blut gefüllten Schädel an den Mund. Sie grollt wie Donner und schnalzt geheimnisvoll mit der Zunge.

Aus dem glühenden Haar beider Wesen züngeln Flammen des Bewußtseins. Sie stehen wie Krieger auf einem Thron, den große, adlerähnliche Gerudas tragen.

Fürchte dich nicht vor ihnen! Erkenne sie als Verkörperungen deines reinen Geistes! Laß dich nicht verwirren, denn es sind nur deine eigenen, archetypischen Gottheiten. Du hast nichts zu befürchten, denn in Wahrheit handelt es sich um den erleuchteten Vairochana und seine Gefährtin. Du wirst befreit, sobald du sie als das erkennst, was sie sind.

Wenn der Helfer dem Verstorbenen diese Worte vorliest, erkennt er diese Wesen als seine eigenen, archetypischen Gottheiten und verschmilzt untrennbar mit ihnen. Danach wird er ein verklärter, himmlischer Buddha.

Kommentar

Unser Ich, das sich für das Wahrste und Wichtigste auf der Welt hält, ist in Wirklichkeit nur eine Fiktion, geschaffen von der Gier.

Es ist nicht beständig und braucht Zuwendung ohne Ende, damit es seine Illusion aufrechterhalten kann. Es versklavt seinen Schöpfer und versucht, zu seiner eigenen Sicherheit alles zu beherrschen. Darum will es, daß die ganze Welt «mein» ist. Allem, was außerhalb seiner Reichweite ist, begegnet es mit Mißtrauen, Eifersucht und Haß.

Die fünf Gruppen von friedlichen Gottheiten, die Verkörperungen der fünf Facetten der Erleuchtung, nehmen jetzt die häßliche Gestalt des Ichs an. Trotz ihrer scheinbaren Unabhängigkeit sind sie Projektionen der negativen Energie des Verstorbenen.

Die zornigen Visionen des neunten Tages

Wenn der Verstorbene jedoch entsetzt flieht, erscheint ihm am neunten Tag der Blut trinkende Vajra Heruka. Der Helfer erklärt dem Toten, was geschieht:

Höre, [Name]! Am neunten Tag erscheint der erleuchtete Vajra Heruka aus dem östlichen Teil deines Kopfes. Sein Körper ist dunkelblau, und er hat drei Köpfe, sechs Arme und vier ausgestreckte Beine. Er hat drei Gesichter: das rechte ist weiß, das linke rot, das mittlere dunkelblau.

Seine oberste rechte Hand hält einen Diamanten, die zweite hält einen Totenschädel, die dritte eine Axt. Seine oberste linke Hand hält eine Glocke, die zweite einen Totenschädel, die dritte eine Pflugschar.

Seine Gefährtin Vajra-Krodheshvari umschlingt ihn, umklammert seinen Hals mit ihrem rechten Arm und hält ihm mit der linken Hand einen mit Blut gefüllten Schädel an den Mund.

Fürchte dich nicht vor ihnen! Erkenne sie als Verkörperungen deines reinen Geistes! Laß dich nicht verwirren, denn es sind nur deine eigenen, archetypischen Gottheiten. Du hast nichts zu befürchten, denn in Wahrheit handelt es sich um den erleuchteten Akshobhya und seine Gefährtin. Du wirst befreit, sobald du sie als das erkennst, was sie sind.

Wenn der Helfer dem Verstorbenen diese Worte vorliest, erkennt er diese Wesen als seine eigenen, archetypischen Gottheiten und verschmilzt untrennbar mit ihnen. Danach wird er ein verklärter, himmlischer Buddha.

Kommentar

Diese zornigen Gestalten gleichen auf den ersten Blick Teufeln und Dämonen; doch in Wirklichkeit sind sie etwas ganz anderes und weder böse noch furchterregend, sobald der Verstorbene sie erkennt.

Das erleuchtete Selbst versucht, ihn aus seiner Selbstgefälligkeit zu wecken, indem es ihm die häßliche Natur des Ichs zeigt.

Eine uralte Legende hilft uns, diese Symbolik zu verstehen: Zwei Männer studierten die Religion zu Füßen eines Meisters. Als er ihnen erklärte, das Wesen der innersten Wirklichkeit sei spontanes Bewußtsein, wanderten sie getrennt fort, um zu praktizieren, was sie gelernt hatten.

Einer von ihnen meditierte, übte Yoga und ließ alle negativen Emotionen einfach vorbeiziehen wie Wolken am Himmel, bis sein Bewußtsein klar, offen und hell war. Der andere wurde ein Mörder und Dieb und erwarb Reichtum und Macht.

Als die beiden Freunde sich nach einiger Zeit wieder trafen, waren sie überrascht, wie der andere die Lehre verstanden hatte. Sie gingen zu ihrem Meister und fragten ihn, wer recht habe und wer unrecht habe. Der Meister sagte, das Ziel sei die Freiheit vom Ich.

Als derjenige, der sein Ich gepflegt hatte, das hörte, tötete er den Meister auf der Stelle. Die Folge war, daß er viele Male als wildes Tier wiedergeboren wurde und hinab in die tiefste Hölle fiel.

Die zornigen Visionen des zehnten Tages

Wenn der Verstorbene immer noch seinem negativen Denken verhaftet ist und flieht, anstatt diese Wesen als seine Projektionen zu durchschauen, erscheint ihm am zehnten Tag der Blut trinkende Ratna Heruka. Wieder belehrt der Helfer den Toten:

Höre, [Name]! Am zehnten Tag erscheint der erleuchtete Ratna Heruka aus dem südlichen Teil deines Kopfes. Sein Körper ist dunkelgelb, und er hat drei Köpfe, sechs Arme und vier ausgestreckte Beine. Er hat drei Gesichter: das rechte ist weiß, das linke rot, das mittlere dunkelgelb.

Seine oberste rechte Hand hält ein Juwel, die zweite hält einen Speer mit drei aufgespießten Köpfen, die dritte einen Knüppel. Seine oberste linke Hand hält eine Glocke, die zweite einen Totenschädel, die dritte einen Dreifuß.

Seine Gefährtin Ratna-Krodheshvari umschlingt ihn, umklammert seinen Hals mit ihrem rechten Arm und hält ihm mit der linken Hand einen mit Blut gefüllten Schädel an den Mund.

Fürchte dich nicht vor ihnen! Erkenne sie als Verkörperungen deines reinen Geistes! Laß dich nicht verwirren, denn es sind nur deine eigenen, archetypischen Gottheiten. Du hast nichts zu befürchten, denn in Wahrheit handelt es sich um den erleuchteten Ratnasambhava und seine Gefährtin. Du wirst befreit, sobald du sie als das erkennst, was sie sind.

Wenn der Helfer dem Verstorbenen diese Worte vorliest, erkennt er diese Wesen als seine eigenen, archetypischen Gottheiten und verschmilzt untrennbar mit ihnen. Danach wird er ein verklärter, himmlischer Buddha.

Kommentar

Als der böse Schüler sein Karma teilweise abgearbeitet hatte, wurde er als unehelicher Sohn einer Prostituierten geboren. Da er stämmig gebaut war, starb seine Mutter bei der Entbindung. Man brachte den Leichnam und das Kind auf das Leichenfeld und überließ sie ihrem Schicksal.

Das Kind trank die Milch in den Brüsten seiner Mutter und danach die gelbe Flüssigkeit, die sie ausschied. Dann aß es die Brüste und hielt sich dadurch sieben Tage am Leben. Nun öffnete es den Brustkorb und verzehrte die Lungen und das Herz. Danach aß es den Rest des Körpers. Anschließend wandte der Knabe sich anderen Leichen zu. Die Haare an seinem Körper wuchsen wie Bürsten, und seine Nägel glichen eisernen Haken. Flügel sprossen ihm aus dem Rücken, und er flog dabei auf und ab, tötete andere Wesen und aß sie auf.

Man nannte ihn Rudra und erklärte ihn zur schrecklichsten aller Kreaturen. In dieser Gestalt wurde er zur Verkörperung der Dummheit, Grausamkeit und Gier des selbstsüchtigen Ichs.

Die zornigen Visionen des elften Tages

Wenn der Verstorbene immer noch seinem negativen Denken verhaftet ist und flieht, anstatt diese Wesen als seine Projektionen zu durchschauen, erscheint ihm am zehnten Tag der Blut trinkende Padma Heruka. Erneut belehrt der Helfer den Toten:

Höre, [Name]! Am elften Tag erscheint der erleuchtete Padma Heruka aus dem westlichen Teil deines Kopfes. Sein Körper ist dunkelrot, und er hat drei Köpfe, sechs Arme und vier ausgestreckte Beine. Er hat drei Gesichter: das rechte ist weiß, das linke rot, das mittlere dunkelrot.

Seine oberste rechte Hand hält eine Lotusblüte, die zweite hält einen Speer mit drei aufgespießten Köpfen, die dritte einen Stab. Seine oberste linke Hand hält eine Lotusblüte, die zweite einen Speer mit drei aufgespießten Köpfen, die dritte einen Stab.

Seine Gefährtin Padma-Krodheshvari umschlingt ihn, umklammert seinen Hals mit ihrem rechten Arm und hält ihm mit der linken Hand einen mit Blut gefüllten Schädel an den Mund.

Fürchte dich nicht vor ihnen! Erkenne sie als Verkörperungen deines reinen Geistes! Laß dich nicht verwirren, denn es sind nur deine eigenen, archetypischen Gottheiten. Du hast nichts zu befürchten, denn in Wahrheit handelt es sich um den erleuchteten Amitabha und seine Gefährtin. Du wirst befreit, sobald du sie als das erkennst, was sie sind.

Wenn der Helfer dem Verstorbenen diese Worte vorliest, erkennt er diese Wesen als seine eigenen, archetypischen Gottheiten und verschmilzt untrennbar mit ihnen. Danach wird er ein verklärter, himmlischer Buddha.

Kommentar

Eines Tages vernichtete die Erleuchtung Rudras schreckliche Manifestationen des Ichs: Die Buddhas nahmen seine häßliche Gestalt an und transformierten sie zu einem Symbol des Mitgefühls. Damit wollten sie zeigen, daß Erleuchtung und Mitleid alle Dämonen der Dunkelheit besiegen können und daß auch das abstoßendste Ich erlöst werden kann.

Da Rudras Körper nach seiner letzten Geburt drei Gesichter, sechs Arme und vier Beine hatte, erscheinen auch die Heruka-Buddhas in dieser Gestalt. Jeder der fünf Herukas hat eine andere Farbe. Die Farben symbolisieren das Bewußtsein des reinen Geistes, die wir bereits durch die friedlichen Visionen kennengelernt haben.

Die zornigen Wesen haben grimmige, weiße Gesichter an der rechten Seite des Kopfes, die Wut vernichten. Das rote Gesicht zur Linken löscht unreines Verlangen, und das mittlere besiegt die Unwissenheit. Jedes Gesicht hat in der Mitte der Stirn ein drittes Auge, das nicht blinzelt, so daß ihnen keine Unreinheit des Geistes entgeht. Die drei Gesichter verkünden also symbolisch die Vernichtung der drei Grundformen des negativen Denkens.

Die sechs Arme befreien die Wesen aus den sechs Ebenen der Existenz, und die vier Beine symbolisieren die vier Arten der Magie und die Befreiung von den vier Arten der Geburt: aus dem Ei, aus dem Schoß der Mutter, aus dem Wasser und durch ein Wunder. Sie zertrampeln zugleich die vier dämonischen Einflüsse: geistige Verwirrung, Haften am Körperlichen, Tod und Illusion.

Daß sie Blut trinken bedeutet, daß ihr Bewußtsein alles verzehrt, was falsch ist, und die Waffen in ihren Händen überwinden jeden Widerstand.

DIE ZORNIGEN VISIONEN DES ZWÖLFTEN TAGES

WENN DER VERSTORBENE immer noch seinem negativen Denken verhaftet ist und flieht, anstatt diese Wesen als seine Projektionen zu durchschauen, erscheint ihm am zehnten Tag der Blut trinkende Karma Heruka, gefolgt von Jungfrauen, Hexen und Damen. Erneut belehrt der Helfer den Toten:

> *Höre, [Name]! Am elften Tag erscheint der erleuchtete Karma Heruka aus dem nördlichen Teil deines Kopfes. Sein Körper ist dunkelgrün, und er hat drei Köpfe, sechs Arme und vier ausgestreckte Beine. Er hat drei Gesichter: das rechte ist weiß, das linke rot, das mittlere dunkelgrün.*
>
> *Seine oberste rechte Hand hält ein Schwert, die zweite hält einen Speer mit drei aufgespießten Köpfen, die dritte einen Stab. Seine oberste linke Hand hält eine Glocke, die zweite einen Totenschädel, die dritte eine Pflugschar.*
>
> *Seine Gefährtin Karma-Krodheshvari umschlingt ihn, umklammert seinen Hals mit ihrem rechten Arm und hält ihm mit der linken Hand einen mit Blut gefüllten Schädel an den Mund.*
>
> *Fürchte dich nicht vor ihnen! Erkenne sie als Verkörperungen deines reinen Geistes! Laß dich nicht verwirren, denn es sind nur deine eigenen, archetypischen Gottheiten. Du hast nichts zu befürchten, denn in Wahrheit handelt es sich um den erleuchteten Amoghasiddhi und seine Gefährtin. Du wirst befreit, sobald du sie als das erkennst, was sie sind.*

Wenn der Helfer dem Verstorbenen diese Worte vorliest, erkennt er diese Wesen als seine eigenen, archetypischen Gottheiten und verschmilzt untrennbar mit ihnen. Danach wird er ein verklärter, himmlischer Buddha.

Kommentar

Diese Heruka-Buddhas tragen die gräßlichen Kleider und den Schmuck des Totenfeldes. Beides stammt vom Körper des besiegten Rudra und wurde danach von allen zornigen Manifestationen der Erleuchtung getragen. Dazu gehört ein Mantel aus Menschenhaut als Zeichen dafür, daß das Ich entblößt wurde, ein Mantel aus Elefantenhaut als Symbol des vollkommenen Buddha-Weges und ein Hemd aus Tigerfell, das Macht über die Leidenschaften symbolisiert. Zum Schmuck gehören ein Halsband, Ohrringe, Armreifen, eine Schürze und ein Haarnetz aus Knochen, die Symbole der fünf Gruppen von Buddhas. Zahlreiche Schlangen winden sich um ihre Glieder, und jeder Buddha trägt eine Krone aus fünf Schrumpfköpfen, ein Halsband aus fünfzig frisch abgeschlagenen Köpfen, einen Gürtel aus Knochensplittern und so weiter. Sonne und Mond in ihrem Haar symbolisieren Bewußtheit und Mitgefühl. Die Fangzähne verkünden, daß Tod und Geburt überwunden sind. Die großen Flügel verkünden die Erfüllung aller Wünsche. Die gesträubten Haare zeigen, daß weltliche Neigungen in ihr Gegenteil verkehrt wurden. Die Flammenaura verbrennt böse Kräfte. Ihre Stirn ist mit dem Staub von Menschenasche bemalt, an den Wangen kleben Blutstropfen, und das Kinn ist mit Fett beschmiert. Sie tanzen verlockend und abstoßend zugleich und hausen in einem Palast aus Schädeln.

DIE ACHT JUNGFRAUEN

WENDET DER VERSTORBENE sich jedoch von diesen Wesen ab, fällt er zurück in den Kreislauf der Existenzen. Dann steigen die acht Jungfrauen und die acht tierköpfigen Hexen aus seinem Gehirn und erscheinen vor ihm.

Nun gibt der Helfer ihm die folgende Anleitung:

> Höre, [Name]! Acht Jungfrauen werden aus deinem Gehirn steigen und vor dir erscheinen. Fürchte dich nicht vor ihnen!
>
> Eine weiße Gauri erscheint aus dem Osten. Sie hält eine Leiche als Knüppel in der rechten Hand und einen mit Blut gefüllten Schädel in der linken.
>
> Eine gelbe Chauri erscheint aus dem Süden. Sie hält einen gezückten Bogen in der Hand.
>
> Eine rote Pramoha erscheint aus dem Westen. Sie trägt eine Fahne aus Krokodilshaut.
>
> Eine schwarze Vetali erscheint aus dem Norden. Sie hält einen Diamanten und einen mit Blut gefüllten Schädel in den Händen.
>
> Eine orangefarbene Pukkassi erscheint aus dem Südosten. Sie hält Gedärme in der rechten Hand und ißt davon.
>
> Eine dunkelgrüne Ghasmari erscheint aus dem Südwesten. Sie hält einen mit Blut gefüllten Schädel in der rechten Hand, rührt das Blut mit einem Diamanten um und trinkt es.
>
> Eine hellgelbe Chandali erscheint aus dem Nordwesten. Sie reißt eine Leiche in Stücke und nimmt das Herz in die rechte Hand, während sie vom Fleisch ißt.
>
> Eine dunkelblaue Shmashani erscheint aus dem Nordosten. Sie verzehrt eine Leiche, der sie den Kopf abgerissen hat.
>
> Diese acht Jungfrauen aus den acht Himmelsrichtungen bilden einen Kreis um die fünf Blut trinkenden Herukas. Fürchte dich nicht vor ihnen!

Kommentar

Das Gefolge der Heruka-Buddhas bilden furchterregende Hexen, die ihre Gestalt wechseln und als rasende Weiber erscheinen. Sie haben viel mit den Mänaden der griechischen Mythologie gemeinsam. Euphemistisch nennt man sie «Jungfrauen» oder «Damen». Sie symbolisieren die wilde, ungezähmte Seite der Natur. Einst waren sie Dienerinnen Rudras, heute verkörpern sie das weibliche Bewußtsein.

Die Leiche ist der Körper, der vom Ich befreit ist; der mit Blut gefüllte Schädel ist die Essenz des Lebens, das Symbol der Leidenschaft, die in Mitgefühl verwandelt wurde. Pfeil und Bogen sind der scharfe Geist, der Trägheit und Dummheit durchbohrt. Die Krokodile sind Ungeheuer im Ozean der Existenz. Wenn wir diesen überqueren, können wir ihre Haut als Siegesfahnen verwenden. Die Diamanten sind das unwandelbare Bewußtsein, zusammengehalten vom Blut der Fürsorglichkeit gegenüber allen Wesen. Die Gedärme stehen für inneren Wandel.

Der Zyklus der Wiedergeburten ist hohl und substanzlos, eine Illusion, die durch Ursachen und Wirkungen entsteht. Der vom ichlosen Körper abgetrennte Kopf und das Herz symbolisieren die Herrschaft über die Körperfunktionen.

Die acht Hexen

Höre, [Name]! Acht Hexen werden nun aus heiligen Orten kommen und vor dir erscheinen.

Eine dunkelbraune, löwengleiche Simhamukha erscheint aus dem Osten. Sie kreuzt die Arme auf der Brust und ißt eine Leiche, während sie ihre Mähne schwenkt.

Eine rote, tigerköpfige Vyaghrimukha erscheint aus dem Süden. Sie hat die Arme über dem Leib gekreuzt, starrt dich an und faucht.

Eine schwarze, fuchsköpfige Shrigalamukha erscheint aus dem Westen. Sie hält ein Rasiermesser in der rechten Hand und Gedärme in der linken. Sie ißt die Gedärme und leckt das Blut auf.

Eine dunkelblaue, wolfsköpfige Shvanamukha erscheint aus dem Norden. Sie hält eine Leiche an den Mund, und ihre Augen funkeln.

Eine hellgelbe, geierköpfige Gridhramukha erscheint aus dem Südosten. Sie trägt eine Leiche auf der Schulter und hält ein Skelett in der Hand.

Eine dunkelrote, geierköpfige Kankamukha erscheint aus dem Südwesten. Sie hat eine Menschenhaut über die Schulter geworfen.

Eine schwarze, krähenköpfige Kakamukha erscheint aus dem Nordwesten. Sie hält einen mit Blut gefüllten Schädel in der linken Hand und ein Schwert in der rechten. Dabei verzehrt sie ein menschliches Herz und Menschenlungen.

Eine dunkelblaue, eulenköpfige Ulumukha erscheint aus dem Nordosten. Sie ißt, während sie einen Diamanten in der rechten und ein Schwert in der linken Hand hält.

Diese acht Hexen aus heiligen Orten bilden einen Kreis um die fünf Herukas, die Blut trinken. Fürchte dich nicht vor ihnen! Erkenne sie als die natürlichen Projektionen deines reinen Geistes und seiner schöpferischen Energie.

Die Visionen in der Phase der höchsten Wirklichkeit

Kommentar

Die heiligen Orte der Pilgerschaft in dieser Welt sind die Städte des Verfalls, die einst Rudra und seine Anhänger beherrschten. Nachdem mitfühlende, erleuchtete Buddhas sie erobert haben, sind sie nun die Wohnungen des Bewußtseins. Von diesen Orten kommen die tierköpfigen Boten Rudras, vor denen sich nur fürchtet, wer immer noch am Ich hängt.

Fauchend und mit gefletschten Zähnen erinnern uns diese Bestien daran, wie unbefriedigend der Zyklus der Wiedergeburten ist. Ihr irres Gelächter und ihre obszönen Worte und Gesten symbolisieren die Geburt in dieser Welt. Ihre hervorstehenden Augen sind das Symbol des klar sehenden reinen Bewußtseins. Sie rollen die Augen nach oben und machen den Illusionen ein Ende; sie rollen sie nach unten und zeigen damit, daß sie den Geist und die Lebensenergie beherrschen.

Seit Anbeginn der Zeit stecken wir im Kreislauf der Wiedergeburten und finden nie Erfüllung. Die Körper, die wir einst hatten, könnten die ganze Erde bedecken, die Knochen allein würden den höchsten Berg der Welt bilden, und das Blut könnte ein Meer füllen. Die acht Hexen tragen Zeichen, die unsere früheren, sinnlosen Existenzen symbolisieren. Sie halten das Fleisch des Unwissens, die Knochen der Wut und das Blut der Gier hoch und bringen uns die scharfen Waffen des Bewußtseins, mit denen wir die Ketten durchtrennen können, die uns an den endlosen, sinnlosen Kreislauf fesseln. Wer diese Gestalten durchschaut, wird befreit.

DIE VIER TÜRHÜTERINNEN

Höre! Jetzt steigen auch die vier Türhüterinnen aus
deinem Gehirn und erscheinen vor dir.
Erkenne Sie als das, was sie sind!
Eine weiße, pferdeköpfige Ankusha erscheint aus dem
Osten. Sie hält einen eisernen Krummstab und
einen mit Blut gefüllten Schädel in den Händen.
Eine gelbe, schweineköpfige Pasha erscheint aus dem
Süden. Sie hält eine Schlinge in der Hand.

Eine rote, löwenköpfige Shrinkhala erscheint aus dem
Westen. Sie hält eine eiserne Kette in der Hand.
Eine grüne, schlangenköpfige Ghanta erscheint aus
dem Norden. Sie hält eine Glocke in der Hand.
Erkenne diese vier Türhüterinnen als deine
archetypischen Gottheiten.

Kommentar

Vier Wächterinnen erscheinen nun an den inneren Toren des Mandalas. Der eiserne Krummstab symbolisiert grenzenlose Liebe, denn er packt alle Wesen am Herzen. Die Schlinge des grenzenlosen Mitgefühls zieht alle Wesen näher heran. Die eiserne Kette verbindet die Herzen aller Wesen in grenzenloser Freude. Und die Glocke verkündet völlige Gleichheit, frei von Vorurteilen oder persönlichen Neigungen.

Die Ebene dieser furchterregenden Göttinnen müssen wir durchqueren, um das Herz der Erleuchtung in der Mitte des Mandalas zu erreichen.

Die vier Gestalten tanzen auf den Farben der vier Elemente: auf dem Weiß des Wassers, dem Gelb der Erde, dem Rot des Feuers und dem Grün des Windes.

Wenn ein Mensch krank wird, geraten die Elemente aus dem Gleichgewicht, und darum empfiehlt ein alter Volksglauben Riten im weißen Osten. Streit läßt sich im Bereich der grenzenlosen Liebe im Osten schlichten.

Wenn es an guten Eigenschaften und Kraft mangelt, helfen stärkende Riten im Süden. Im Bereich des Mitgefühls wird das Schwache stark. Gesundheit, Wohlstand und Kraft werden gefördert, Zweifel und Hoffnungslosigkeit durch Mut und Hoffnung ersetzt.

Wenn alles in Unordnung ist, sind Riten im roten, leidenschaftlichen Osten zu empfehlen. Grenzenlose Freude wirkt anziehend wie ein Magnet; sie sammelt positive Energie an, die wir im großen Mandala der Erleuchtung zum Wohle aller Wesen nutzen können.

Gegen unbezwingbare Feinde helfen Riten der Vernichtung im dunklen Norden – sie machen dem Streit ein Ende. Wenn das Böse sich nicht zähmen läßt, muß es zerstört werden. Diese Riten sind die letzte Waffe des Erleuchteten gegen das Gift des Ichs. Sie bedeutet den Tod des Ichs.

DIE ACHTUNDZWANZIG DAMEN

Höre genau zu! Die achtundzwanzig Damen steigen nun aus deinem Gehirn und erscheinen vor dir. Sie haben Tierköpfe und halten Gegenstände in den Händen. Fürchte dich nicht vor ihnen, sondern erkenne sie als Projektionen deines reinen Geistes!
Zuerst erscheinen die sechs Damen des Ostens:
eine dunkelbraune, yakköpfige Rakshasi mit einem Diamanten,
eine orangefarbene, schlangenköpfige Brahmi mit einem Lotus, eine dunkelgrüne, leopardenköpfige Mahadevi mit einem Dreifuß, eine blaue, mungoköpfige Lobha mit einem Rad,
eine rote, bärenköpfige Kumari mit einem Speer
und eine weiße, bärenköpfige Indrani mit einer Schlinge aus Gedärmen.
Fürchte dich nicht vor ihnen!
Dann erscheinen die sechs Damen des Südens vor dir:
eine gelbe, schweineköpfige Vajra mit einem Rasiermesser,
eine rote, krokodilsköpfige Shanti mit einem Krug,
eine rote, skorpionköpfige Amrita mit einem Lotus,
eine weiße, falkenköpfige Chandra mit einem Diamanten,
eine dunkelgrüne, fuchsköpfige Danda mit einem Knüppel
und eine dunkelgelbe, tigerköpfige Rakshasi, die einen mit Blut gefüllten Schädel hält.
Fürchte dich nicht vor ihnen!

Dann erscheinen die sechs Damen des Westens vor dir:
eine dunkelgrüne, geierköpfige Bakshini mit einem Knüppel,
eine rote, pferdeköpfige Rati mit einem menschlichen Rumpf,
eine weiße, garudaköpfige Mahabala mit einem Knüppel,
eine rote, hundeköpfige Rakshasi mit einem messerscharfen Diamanten,
eine rote, wiedehopfköpfige Kama mit gezücktem Bogen
und eine dunkelgrüne, hirschköpfige Vasuraksha mit einem Krug. Fürchte dich nicht vor ihnen!

Dann erscheinen die sechs Damen des Nordens vor dir:
eine blaue, wolfsköpfige Vayudevi mit einer Fahne,
eine rote, steinbockköpfige Nari mit einem Pfahl,
eine schwarze, schweineköpfige Varahi mit einer Schlinge aus Zähnen,
eine rote, krähenköpfige Vajra mit der Haut eines Kindes,
eine dunkelgrüne, elefantenköpfige Mahabastini mit einer Leiche
und eine blaue, schlangenköpfige Varunadevi mit einer Schlange. Fürchte dich nicht vor ihnen!

Kommentar

Damit wir sicher ins Herz des Mandalas – ins reine Bewußtsein – gelangen, hat die erste Gruppe der achtundzwanzig mächtigen Damen des Ostens Symbole der Furchtlosigkeit bei sich: den unzerstörbaren Diamanten, den schönen Lotus des vollkommenen Mitgefühls, den scharfen Dreizack, der Unwissenheit, Wut und Lust zerschneidet, ein Rad mit scharfer Kante, den Speer des durchdringenden Bewußtseins und die Schlinge der illusionären Gedärme. Aus dem Süden kommen das Messer, das Trugbilder zerschneidet, der Krug mit göttlichem Ambrosia, der Knüppel, der falsche Ansichten zerschmettert, und der Schädel mit dem Blut der Gier. Aus dem Westen kommen der kopflose Leichnam des Nicht-Ichs sowie Pfeil und Bogen der Einsicht. Aus dem Norden kommen die Fahne des Sieges, der Pfahl, der Dämonen aufspießt, die scharfen Zähne, die Aggressionen zerschneiden, die Haut des neugeborenen Irrtums und die Schlangen der Bosheit.

Dann steigen die vier äußeren Türhüterinnen aus deinem Gehirn und erscheinen vor dir.
Eine weiße, kuckuckköpfige Vajra mit einem eisernen Stab kommt aus dem Osten.
Eine gelbe, ziegenköpfige Vajra mit einer Schlinge kommt aus dem Süden.
Eine rote, löwenköpfige Vajra mit einer eisernen Kette kommt aus dem Westen.
Eine dunkelgrüne, schlangenköpfige Vajra mit einer Glocke kommt aus dem Norden.

Diese achtundzwanzig Damen entstehen spontan aus der schöpferischen Energie der schrecklichen Herukas. Erkenne sie als das, was sie sind!

Wenn diese achtundfünfzig Blut trinkenden Wesen aus deinem Gehirn steigen und vor dir erscheinen, mußt du sie als das erkennen, was sie sind. Wenn du begreifst, daß sie Produkte der strahlenden Energie deines reinen Geistes sind, wirst du sogleich erleuchtet und verschmilzt untrennbar mit ihnen.

Kommentar

Die letzte Gruppe der achtundzwanzig mächtigen Damen bewacht die Tore des äußeren Kreises mit Symbolen der grenzenlosen Liebe, des Mitgefühls, der Freude und der Gleichheit. Diese vier Bewußtseinszustände sind die wahren Tore zu jeder spirituellen Erkenntnis, und darum erscheinen sie sowohl als äußere wie auch als innere Tore, sowohl im friedlichen Kreis als auch im zornigen.

Natürlich sind diese Visionen furchterregend für den, der ihre wahre Bedeutung nicht kennt. Wer seit unzähligen Existenzen an die Wirklichkeit der äußeren Welt glaubt und daher nicht mit der Dynamik und dem Licht der inneren Welt des fundamentalen Bewußtseins vertraut ist, flieht entsetzt, wenn er mit der Macht des vom Körper befreiten Geistes konfrontiert wird.

Wenn der Helfer jedoch sehr mitfühlend ist, hat der Verstorbene in dieser kurzen Phase zwischen einem Leben und dem nächsten die große Chance, sich für immer aus dem leidvollen Kreislauf des Todes und der Wiedergeburten zu befreien.

Der Helfer muß dem Verstorbenen die Einsicht vermitteln, daß es sinnlos ist, immer und immer wieder zu sterben und neu geboren zu werden, und er muß ihn dazu ermutigen, alle Bindungen an die Welt zu lösen und nur noch nach der höchsten Freiheit zu streben.

Die Dämonen

Wenn du weder die friedlichen noch die zornigen Wesen durchschaut hast, fürchtest du dich vor ihnen und fliehst. Dadurch aber vergrößerst du dein Leiden.

Wenn du sie nicht erkennst, erscheinen dir alle Blut trinkenden Herukas als Dämonen des Todes, und du wirst von Entsetzen überwältigt. Deine eigenen Projektionen werden zu Dämonen, und du verirrst dich im Kreislauf der Existenzen. Darum erkenne auch die schrecklichen Wesen als deine eigenen Projektionen! Wenn dir das gelingt, wirst du sogleich ein Buddha.

Wenn du deine Projektionen jedoch nicht durchschaust, werden sie zu riesigen, furchterregenden Dämonen, die Drohungen ausstoßen, Körper zerfleischen, Hirne trinken und Herzen und Gedärme herausreißen.

Aber denke daran, daß du einen Astralkörper besitzt und sie dir nicht wirklich schaden können. Diese Dämonen haben keine Substanz, weil die schöpferische Energie deines reinen Geistes sie hervorgebracht hat.

Betrachte sie als deine spirituellen Freunde und Beschützer, die gekommen sind, um dich durch diesen Bardo zu begleiten; dann löst deine Angst sich auf. Bete zum Herrn des Mitgefühls oder zu einem anderen spirituellen Wesen, mit dem du dich verbunden fühlst. Das ist sehr wichtig, weil deine Furcht dann verschwindet und du ein verklärter himmlischer Buddha wirst.

Kommentar

Bisher war im Text von großen Chancen die Rede. Wenn der Verstorbene dieses Stadium erreicht, seine Visionen aber noch nicht durchschaut hat, hat er diese Chancen verpaßt. Der Text weist darauf hin, daß die Wirklichkeit und die Erleuchtung immer da sind. Zuerst werden wir mit unserem reinen Geist konfrontiert, der frei von allen Illusionen und Projektionen ist. Wenn wir das nicht begreifen, treiben wir langsam von diesem Kern unseres Wesens fort. Doch unsere innere Weisheit versucht, uns mit Bildern von gütigen Wesen zu helfen, die nur Facetten unserer Erleuchtung sind.

Wenn wir auch dann noch nicht verstehen, was wir wirklich sind, beginnt unser Ich die Visionen zu steuern. Alle negativen Emotionen tauchen allmählich auf, und jede birgt in sich die Gefahr eines negativen Lebenswandels. Am Ende dieses Prozesses sind alle Elemente des Ichs anwesend.

Wenn wir uns dann immer noch weigern, den spirituellen Weg zu gehen, wird das Ich paranoid und zerfällt. Dabei verwandelt sich jedes Element in eine furchterregende Projektion.

Wenn das zu Lebzeiten geschieht, reagieren wir feindselig auf unsere Umwelt; wenn es nach dem Tod geschieht, nehmen die Projektionen des Ichs die Gestalt von Dämonen an. Darum ist es sehr wichtig, daß der Helfer in dieser Phase den Verstorbenen beruhigt und ihn daran erinnert, daß selbst diese schrecklichen Visionen nichts weiter als leere Projektionen sind.

Die Phase vor der Wiedergeburt

Das Ziel des buddhistischen Weges ist die Erleuchtung und die Befreiung vom Kreislauf der Geburten und des Todes. Die Tibeter drücken tiefgründige Lehren mit Hilfe von Bildern aus, um eine größere Wirkung zu erzielen. Eines dieser Bilder zeigt das Rad des Lebens, die Elemente und den Kreislauf der Wiedergeburten und des Todes mit seinen Phasen.

Wir alle leiden an seelischen Störungen, die uns ein Leben nach dem anderen aufzwingen: Unwissenheit, symbolisiert von einem jungen Hahn; Gier, als Schwein dargestellt; Haß und Wut, hier in Form einer Schlange. Von diesen Kräften hängt es ab, wie moralisch wir handeln und wo wir wiedergeboren werden. Die kleinen Bilder am äußeren Rand des Rades stellen die zwölf voneinander abhängigen kausalen Stadien jeder Erfahrung dar. Die Unwissenheit ist ein blinder Mann, das Karma ein Töpfer. Ein Affe, der mit einem Pfirsich spielt, symbolisiert die Neigungen. Die beiden Männer im Boot sind das Bewußtsein, die sechs Sinnesorgane entsprechen sechs leeren Häusern. Das Liebespaar steht für den Kontakt zwischen den Sinnen und den Objekten. Der Mann mit dem Pfeil im Auge ist das Symbol des Fühlens, der Trinkende stellt die Gier dar, die Gebärende die Geburt und die Leiche das Alter und den Tod. Der Herr des Todes hält das Rad zwischen den Kiefern, um uns an unsere Sterblichkeit zu erinnern.

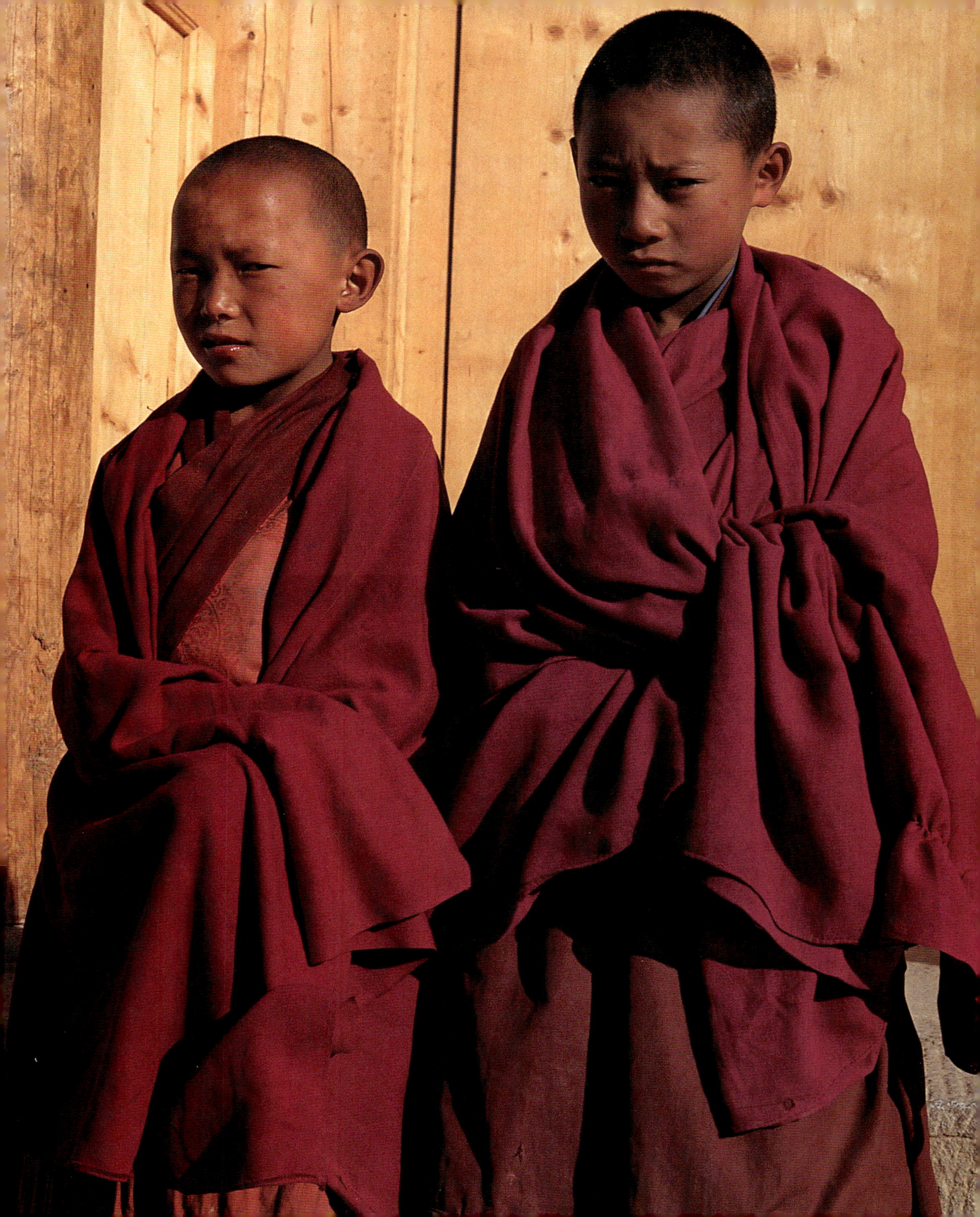

Die Phase vor der Wiedergeburt

Obwohl der Helfer den Verstorbenen viele Male über die Phase der Wirklichkeit aufgeklärt hat, konnte dieser sie nur dann durchschauen, wenn er schon zu Lebzeiten über eine beträchtliche spirituelle Erfahrung verfügte und sein Karma günstig ist.

Wer sich fürchtet und negative Neigungen besitzt oder wenig spirituelle Erfahrung gemacht hat, braucht vom dreizehnten Tag an weitere Belehrungen, unter anderem die folgenden:

Hör genau zu, [Name]! Als die friedlichen und zornigen Gottheiten dir im Bardo der Wirklichkeit erschienen, hast du sie nicht erkannt und das Bewußtsein verloren. Nach dem Erwachen hast du klarer gesehen und deinen neuen Astralkörper bemerkt. Jage nun keiner der Projektionen nach, die du siehst, hafte nicht an ihnen, sehne dich nicht danach! Andernfalls verirrst du dich auf den sechs Ebenen der Existenz.

Mit deinem Astralkörper kannst du deine Angehörigen und dein Heim besuchen, wie in einem Traum. Doch wenn du mit ihnen sprichst, antworten sie nicht. Du siehst sie weinen und denkst: «Ich bin tot. Was soll ich tun?» Du fürchtest dich wie ein Fisch, der auf heißem Sand zappelt. Aber das hilft dir nicht weiter. Wenn du einen spirituellen Lehrer hattest, dann bete jetzt zu ihm oder bete zu einer spirituellen Gestalt, mit der du vertraut bist. Es ist sinnlos, dich voller Sehnsucht an deine Lieben zu klammern. Löse dich von ihnen! Wenn du rufst: «Ich bin hier, weint nicht!», dann hören sie dich nicht. Du bist von trübem Nebel umgeben, der einem grauen Herbstabend gleicht.

Diese Phase dauert etwa zwanzig Tage, je nach deinem Karma. Darum bete zum Herrn des Mitgefühls, damit du deine Angst überwindest.

Kommentar

Wer die vielen Chancen, sich zu befreien, nicht zu nutzen verstanden hat, weil er mit der Struktur und der Funktion seines Geistes nicht vertraut ist, muß diese neue Phase durchmachen.

Während des Todes und auf einer subtilen Ebene schon zu Lebzeiten versucht das Ich, sich ein bequemes und möglichst sicheres Heim zu schaffen. Es will immer den leichtesten Weg zum Glück gehen; aber alles, was es erreicht, ist Illusion.

In diesem Stadium muß der Verstorbene versuchen, die Wege zur Befreiung zu finden, die immer noch zahlreich da sind, und er darf dabei nicht in alte Gewohnheiten zurückfallen.

*J*etzt erlebst du manches Schreckliche: Du glaubst, von Dämonen oder wilden Tieren gejagt zu werden, und du hörst das fürchterliche Getöse von Lawinen, Überschwemmungen, Feuersbrünsten und Wirbelstürmen.

Vielleicht bieten Brücken, Hütten oder Kirchen dir eine Weile Schutz; aber du kannst dort nicht lange bleiben. Dein Geist ist jetzt körperlos und wandert rastlos umher. Du frierst, du bist wütend und unausgeglichen.

Dann fällt dir ein, daß du tot bist, und du fragst dich, was du tun sollst, und fühlst dich jämmerlich.

Du siehst dein Heim, deine Freunde und Angehörigen und sogar deine Leiche, und du denkst: «Was soll ich tun, jetzt da ich tot bin?» Dein Astralkörper verspürt quälenden Kummer. Dann fängst du an, nach einem neuen physischen Körper zu suchen.

Vielleicht versuchst du sogar, in deinen toten Leib einzudringen, jedoch ohne Erfolg, weil du die Phase der Wirklichkeit bereits hinter dir hast. Im Winter ist dein Körper steif gefroren, im Sommer zersetzt er sich rasch. Vielleicht ist er schon verbrannt oder begraben worden. Dein Gram ist typisch für die Phase vor der Wiedergeburt. Zwar suchst du nach einem Körper, aber du kannst dem Leiden nicht entfliehen. Höre auf zu suchen, und verweile im natürlichen Zustand des Seins jenseits des Tuns!

Kommentar

Wir fürchten uns vor der spirituellen Entwicklung, weil sie uns zum Nachdenken zwingt: über das, was wir glauben wollen, und über die Struktur, die das Ich errichtet hat, um sich vor dem Wandel abzuschirmen. Sobald wir in eine Krise geraten, bemühen wir uns, wieder eine sichere geistige Umwelt zu schaffen, die mit der identisch ist, an die wir gewöhnt sind.

Nach dem Tod versuchen wir, den geliebten Körper wiederzubeleben, und wenn das mißlingt, suchen wir irgendwo Schutz. Aber den finden wir nicht. Schon zu Lebzeiten können wir nie zu der Situation zurückkehren, in der wir uns vor einer Krise befanden. Wir müssen weitergehen, und es liegt an uns, ob wir das «im alten Trott» tun oder auf dem spirituellen Pfad.

Wenn wir zu Lebzeiten einen Lehrer haben, können wir ihn um Hilfe bitten. Nach dem Tod muß der Helfer sich nach besten Kräften bemühen, das Bewußtsein des Verstorbenen auf eine höhere Ebene zu führen. Selbst wenn der Tote von Angst überwältigt wird und sich nicht selbst befreien kann, muß der Helfer sich mit jedem Gedanken, jedem Wort und jeder Geste weiter um ihn bemühen.

So belehrt, wird der Verstorbene fast mit Gewißheit von der Phase der Wiedergeburt frei. Hat er seine Visionen unter dem Einfluß seines Karmas jedoch nicht durchschaut, muß der Helfer ihn noch einmal rufen:

Hör genau zu, [Name]! Du mußt jetzt leiden, weil du einst Böses getan hast. Mache nicht andere dafür verantwortlich. Bete zu einem spirituellen Vorbild, an das du glaubst, und es wird dich beschützen. Andernfalls werden deine guten und bösen Taten gezählt wie schwarze und weiße Kieselsteine, und du empfindest große Angst. Du zitterst und versuchst, den Herrn des Todes zu belügen, der über dich urteilt. Alles, was du getan hast, wird dir noch einmal vor Augen geführt, und dir wird mit einem Mal klar, daß deine Lügen nutzlos waren.

Dann packt dich der Herr des Todes und schleift dich fort. Er hackt dir den Kopf ab, reißt Herz und Gedärme heraus, trinkt das Blut und frißt das Fleisch und die Knochen. Dennoch wirst du nicht sterben, selbst wenn du zusiehst, wie dein Körper immer wieder zerrissen wird. Darum lüge nicht und fürchte dich nicht vor dem Herrn des Todes!

Wenn du begreifst, daß du nur Halluzinationen siehst, ausgelöst von deinem Karma, bete zu einem spirituellen Wesen, das dich tröstet, und rufe den Herrn des Mitgefühls an; dann wirst du von der Wiedergeburt befreit. Überwinde deine Angst!

Kommentar

Jetzt ist der Prozeß, den wir Tod nennen, abgeschlossen. Wenn der Verstorbene in dieser Phase nicht befreit wird, zwingt sein negatives Karma ihn zu einer Wiedergeburt auf der Erde.

Darum bemüht sich sein Helfer, ihm eine gute Wiedergeburt zu verschaffen, und beschwört ihn gleichzeitig, sich selbst zu befreien.

Aber viele Menschen haben aus ihrem Leben nichts gelernt oder quälen sich selbst mit Schuldgefühlen. Viele Religionen lehren, daß der Verstorbene sich einem Richter stellen muß, der ihn für seine Sünden bestraft. Aus diesem Text geht jedoch hervor, daß sogar das Gericht eine Projektion des Ichs ist – der Tote ist sich seiner Verfehlungen bewußt und urteilt über sich selbst.

Es besteht die Gefahr, daß er sich sinnlose Strafen auferlegt. Statt dessen sollte er versuchen, seine positiven Eigenschaften zu stärken, um das Böse in Zukunft zu meiden.

SELBST WENN DER HELFER dem Verstorbenen das
alles viele Male erklärt, kann es sein, daß dieser
nicht befreit wird, weil er zu vielen negativen
Einflüssen unterliegt. Dann ruft der Helfer den
Toten noch einmal:

*Höre, [Name]! Wenn du nichts von dem verstanden
hast, was ich dir erklärt habe, schwindet allmählich die Erinnerung an deinen Körper und dein
künftiger Körper nimmt Gestalt an. Du hältst nach
ihm Ausschau und fühlst dich von ihm angezogen.*

*Die sechs Lichter der sechs Ebenen der Existenz
beginnen zu strahlen, und das Licht der Ebene, die
zu deinem Karma paßt, leuchtet am hellsten. Du
siehst das sanfte weiße Licht der Götter, das rote
Licht der Halbgötter, das blaue Licht der
Menschen, das grüne Licht der Tiere, das gelbe
Licht der hungrigen Geister und das rauchige Licht
der Hölle. Dein Astralkörper nimmt die Farbe der
Ebene an, in der du wiedergeboren wirst.*

*Einerlei, welches Licht vor dir scheint – visualisiere es
als den Herrn des Mitgefühls. Konzentriere dich
auf dieses Bild, und lasse es allmählich schrumpfen
und im leeren Licht der Wirklichkeit verschwinden.
Dann wirst du von der Wiedergeburt befreit.*

Kommentar

Wenn der Verstorbene sich nicht läutert, setzt die angesammelte Energie seiner negativen Verhaltensmuster sich durch und projiziert ihn in Situationen, die am besten zu diesen Mustern passen.

Übermäßiger Stolz strebt nach Luxus und Bequemlichkeit, symbolisiert von der Ebene der Götter. Eifersucht und Neid führen zu einem Leben voller Streit, symbolisiert von der Ebene der kriegerischen Halbgötter. Lust und Anhaften gelten traditionell als typisch für die Ebene der Menschen. Wer dumm und wenig bewußt ist, lebt wie ein Tier und denkt nur an Essen, Schlafen und Sex. Wenn Gier und Geiz vorherrschen, ähnelt der Wiedergeborene den hungrigen Geistern, die niemals zufrieden sind. Haß und Wut führen hingegen zu einem Leben, das wir als Hölle empfinden.

Es ist wichtig, daß wir die negative Emotion kennen, die unsere Persönlichkeit dominiert, damit wir Situationen vermeiden können, die diesen Fehler verstärken. Wenn wir uns nicht selbst helfen können, ist es hilfreich, zu beten und um die Hilfe des göttlichen Mitgefühls zu bitten, das die Erleuchtung ausstrahlt.

DIE GEBURT VERHINDERN

WER ZU WENIG spirituelle Erfahrung hat, wird diese Anleitungen nicht verstehen. Darum muß der Helfer ihm erklären, wie er den Eintritt in eine Gebärmutter verhindern kann. Der Verstorbene ist immer noch verwirrt und läßt sich zu einer Gebärmutter treiben. Der Helfer ruft und belehrt ihn wie folgt:

Höre, [Name]! Wenn du die Anleitung, die ich dir bisher gegeben habe, nicht verstanden hast, zieht dein Karma dich jetzt nach oben, seitwärts oder nach unten. Außerdem hast du Visionen von grimmigen Winden, Schneestürmen, Hagelschauern und dunklem Nebel, oder du fühlst dich von Menschenmengen verfolgt. Du willst fliehen und suchst nach einer Zuflucht.

Jetzt mußt du den Herrn des großen Mitgefühls oder eine andere Verkörperung deines spirituellen Ideals visualisieren. Wenn das Bild klar und lebendig ist, dann visualisiere, wie er sich allmählich von außen nach innen auflöst, bis nichts mehr übrig bleibt als das leere Licht, das kein Gedanke erfassen kann. Wenn dir das gelingt, verhinderst du deinen Eintritt in eine Gebärmutter.

Kommentar

Der Text beschreibt jetzt einige Methoden, mit denen wir verhindern können, auf die alte Existenzebene zurückzufallen. Sowohl Lebende als auch Verstorbene können diese Methoden anwenden.

Außerdem erinnert uns der Text, daran, daß alle unsere Erfahrungen das Produkt unseres bisherigen Tuns und unserer Neigungen sind.

Selbst wenn wir keine spirituelle Ausbildung haben und keine ausgeklügelten Methoden kennen, sind wir imstande, negative Tendenzen zu überwinden: Wir brauchen nur den Herrn des Mitgefühls zu visualisieren. Er kann jede Form annehmen, die in unserer Kultur üblich ist, und er hat immer die gleiche Wirkung. Wenn wir uns auf ein Bild konzentrieren, das unser religiöses Ideal verkörpert, können wir uns mit dessen Güte identifizieren und auf diese Weise verhindern, daß wir auf eine negative Existenzebene zurückfallen. Das Bild eines solchen Wesens führt uns zu unserem reinen, erleuchteten Geist, von dem wir nichts gewußt haben.

Wenn uns das gelingt, überschreiten wir unser Ich und befreien uns von den Folgen unserer bösen Taten und Absichten.

Wenn du dennoch kurz davor stehst, in eine Gebärmutter einzudringen, kannst du den Eintritt immer noch verhindern. Höre mir genau zu!

Du siehst jetzt Paare beim Liebesspiel. Halte dich ihnen fern! Betrachte sie als göttlichen Vater und göttliche Mutter, und stelle dir vor, daß du ihnen Opfer bringst und sie um ihren Segen bittest. Dann wird der Eingang der Gebärmutter versperrt.

Wenn dir das nicht gelingt, dann visualisiere das Paar als den Herrn des Mitgefühls und seine Gefährtin, und stelle dir vor, daß du ihnen Opfer bringst und sie bittest, dich spirituell zu erleuchten. Auch das schließt den Eingang zur Gebärmutter.

Sollte dir auch das nicht gelingen, dann gib dein Anhaften und deinen Haß auf. Wenn du ein Paar beim Liebesspiel siehst, empfindest du Eifersucht. Wenn du als Mann wiedergeboren wirst, empfindest du Verlangen nach der Frau und Haß auf den Mann. Wenn du als Frau wiedergeboren wirst, empfindest du Verlangen nach dem Mann und Haß auf die Frau.

In diesem Fall sprich so zu dir selbst: «Ich habe so viel negatives Karma auf mich geladen, daß ich mich im Kreislauf der Existenzen verirrt habe, weil ich an der Welt hafte und Haß empfinde. Wenn ich das Anhaften und den Haß nicht überwinde, bleibe ich ewig in diesem Kreislauf und im Ozean des Leidens gefangen. Darum gebe ich nun alles Anhaften und allen Haß auf. Nie wieder werde ich Verlangen und Haß empfinden!» Wenn dein Entschluß aufrichtig ist, kannst du deine Wiedergeburt verhindern.

Kommentar

Jetzt geht der Text auf jene negativen Emotionen ein, die in uns den Wunsch wecken, in die vertraute Welt zurückzukehren.

Obwohl es hier um einen Verstorbenen geht, der wiedergeboren werden möchte, lernen wir auch die Faktoren kennen, die dazu führen, daß wir zu Lebzeiten an negativen Verhaltensmustern festhalten.

Das Ich wendet mehrere Methoden an, um sein Überleben zu sichern; die wichtigsten sind Gier und Abneigung.

In einer neuen Situation fällen wir Werturteile, damit wir gefahrlos damit umgehen können. Auf diese Weise schützt sich das Ich vor dem Wandel. Manche Situationen stützen das Selbstwertgefühl des Ichs. In diesem Fall versuchen wir, das Erlebnis in uns aufzunehmen, indem wir daran haften. Es kann aber auch sein, daß das Ich sich bedroht fühlt; dann reagieren wir mit Abneigung oder Haß.

Doch gerade diese beiden Emotionen – Anhaften und Abneigung – sind die Hauptursachen des Leidens. Selbst wenn das Ich sie benutzt, um sich zu schützen, muß es letztlich scheitern, und die Folge sind Unzufriedenheit und Leiden.

Wir vergessen, daß alles, was existiert, sich wandeln muß und daß wir immer enttäuscht werden, wenn wir eine bestimmte Lebens- oder Verhaltensweise festhalten wollen.

Doch selbst wenn dir dies alles mißlungen ist, kannst du den Eintritt in eine Gebärmutter noch verhindern, wenn du über die Unwirklichkeit aller Erscheinungen meditierst. Erkenne, daß alles, was du siehst, eine Illusion ist: der Vater, die Mutter und dein Karma, das dich vorantreibt. Das alles sind Trugbilder oder Traumbilder, nichts weiter als Projektionen deines eigenen Geistes. Wenn du deinen Glauben an die Wirklichkeit erschüttern kannst, verhinderst du deinen Eintritt in eine Gebärmutter.

Kommentar

Nun lernen wir eine weitere Methode kennen, um einen Rückfall in alte, negative Verhaltensmuster zu verhindern. Obwohl die materielle Welt und die Menschen, die uns umgeben, real und solide aussehen, sind sie wie alle anderen Erscheinungen dem Wandel unterworfen und unbeständig. Auch sie sind Projektionen des Ichs. So gesehen, ist alles ohne Substanz, was wir erleben, einerlei, ob es uns anzieht oder abstößt.

In der Hypnose glauben wir an die Wirklichkeit dessen, was man uns suggeriert und verhalten uns entsprechend. Darum kann ein kaltes Stück Eisen Brandblasen verursachen, wenn wir glauben, es sei heiß. Die Zuschauer wissen, daß das Eisen kalt ist, aber wir wissen es nicht – wir halten die Illusion für real. Das gleiche gilt für andere Erfahrungen in der Welt. Unser Ich ist ein geschickter Hypnotiseur, der illusionäre Erlebnisse hervorrufen kann, die wir für wirklich halten.

Erst wenn wir diese Illusionen als Projektionen durchschauen, zerbröckeln sie und können uns nicht mehr festhalten.

Die Suche nach einer geeigneten Mutter

Manche Verstorbene haben sich ihr ganzes Leben lang wenig tugendhaft verhalten, und ihre vielen negativen Tendenzen hindern sie auch jetzt noch daran, befreit zu werden, trotz aller Anleitungen des Helfers. Darum erklärt der Helfer dem Verstorbenen nun, wie er eine geeignete Gebärmutter findet, wenn es ihm nicht gelingt, den Eingang zu blockieren:

> *Höre, [Name]! Obwohl ich dir viele Anleitungen gegeben habe, hast du sie nicht verstanden. Du kannst deinen Eintritt in eine Gebärmutter nicht verhindern und mußt einen neuen Körper annehmen. Höre genau zu, und behalte diese Anleitung im Gedächtnis!*
>
> *Du siehst jetzt eine Reihe von Zeichen, die auf den Ort und die Umstände deiner Wiedergeburt hindeuten. Manche Orte sehen verlockend aus, andere abschreckend. Einerlei, welche Orte du siehst, gehe nicht hin, sondern erzeuge in dir den Drang, ihrer Anziehungskraft und der illusionären Sicherheit, die sie dir bieten, zu widerstehen! Wenn du spirituelle Kenntnisse hast, wende sie nun an, um deinen Eintritt in eine Gebärmutter zu verhindern. Gelingt dir das nicht, visualisiere den Herrn des Mitgefühls und lasse dich von ihm anziehen. Dann wirst du ein verklärter himmlischer Buddha.*

Kommentar

Wenn unsere Spiritualität ungenügend entwickelt ist und wir mangels Einsicht die bisherigen Anleitungen nicht nutzen können, bleibt immer noch Hoffnung. Das Ich gaukelt uns oft etwas vor, weil wir eine Neigung zu einer bestimmten Lebensweise haben.

Obwohl die Vernunft uns sagt, daß unser Verhalten falsch ist und uns unglücklich macht, redet das Ich uns das Gegenteil ein. Das Ich will auch künftige Situationen verhindern, die seine Sicherheit bedrohen, und darum überzeugt es uns davon, daß es unangenehm wäre, unser Leben zu ändern.

Da wir spirituell unreif sind, sehen wir die Dinge oft nicht im wahren Licht. Wir haben keine Garantie dafür, daß irgendeine Situation wirklich das ist, was unser Ich uns einredet.

Daher ist es am besten, immer Gleichmut zu bewahren und alles zu akzeptieren, was das Leben uns bietet, ohne ein Werturteil zu fällen.

Wenn es dem Verstorbenen immer noch nicht gelungen ist, sich vom Kreislauf der Existenzen zu befreien, gibt der Helfer ihm die folgende Anleitung:

> *Wenn du keinen Erfolg hattest, dann suche eine geeignete Gebärmutter am günstigsten Ort auf der menschlichen Ebene. Deine künftige Mutter sollte an einem Ort leben, wo es viele fortgeschrittene spirituelle Lehrer gibt. Bevor du in ihre Gebärmutter eintrittst, fasse den Entschluß, in Zukunft tugendhaft zu leben und anderen zu helfen. Das ist sehr wichtig, wenn du eine geeignete Gebärmutter finden willst.*
>
> *Es kann jedoch sein, daß du wegen deines schlechten Karmas einen Fehler machst und eine geeignete Gebärmutter für ungeeignet oder eine ungeeignete für geeignet hältst. Darum ist es sehr wichtig, daß du leidenschaftslos bleibst: Wenn dir eine Gebärmutter geeignet erscheint, hafte nicht an ihr, und wenn sie dir ungeeignet erscheint, laß keine Abscheu aufkommen.*

Kommentar

Jetzt hat der Verstorbene nur noch wenige Möglichkeiten – er hat viele Chancen nicht genutzt, die sich ihm aus der Tiefe seines eigenen Selbstes offenbart haben und die ihn von seinen negativen Tendenzen befreit hätten.

Auch zu Lebzeiten machen wir manchmal keine Fortschritte im Streben nach Freiheit. Vielleicht hindern uns ungünstige Umstände daran, spirituell zu wachsen. In diesem Fall können wir uns wenigstens bemühen, einige Aspekte der Situation zu ändern, um unsere spirituelle Gesundheit zu fördern.

Es kann beispielsweise hilfreich sein, einer ruhigeren Arbeit nachzugehen oder Kontakte zu meiden, die uns nur schaden.

Wenn wir uns nicht selbst unmittelbar ändern können, sollten wir versuchen, offensichtliche Hindernisse in unserem Leben zu beseitigen. Dadurch schaffen wir ein wenig Raum für uns selbst, und vielleicht finden wir dann auch Zeit und Energie für unsere eigene spirituelle Entwicklung.

WENN DER VERSTORBENE jedoch zu Lebzeiten nicht gelernt hat, leidenschaftslos zu sein, fällt es ihm schwer, sich von seinen negativen Neigungen zu lösen. Wenn er das Anhaften oder den Haß nicht überwinden kann, sollte er die Verkörperungen seiner höchsten spirituellen Ideale bitten, ihn zu beschützen, selbst wenn er äußerst dumm, sündig und einem Tier ähnlich sein sollte. Der Helfer wendet sich ein weiteres Mal an den Verstorbenen:

Höre [Name]! Wenn du weißt, wie du eine geeignete Gebärmutter für deine Wiedergeburt findest, aber dein Anhaften und deinen Haß nicht überwinden kannst, dann rufe die Verkörperungen deiner höchsten spirituellen Ideale und bitte sie, dich zu beschützen. Bete zum Herrn des Mitgefühls. Sei mutig und gehe vorwärts. Löse alle Bande zu deinen Angehörigen und Freunden. Tritt ein ins blaue Licht der menschlichen Ebene oder ins weiße Licht der göttlichen Ebene.

Kommentar

Wenn alle Bemühungen um den Verstorbenen gescheitert sind, bleibt ihm eine letzte Chance, sich zu bessern: Er kann sich eine Umgebung aussuchen, die ihm Sicherheit und Hoffnung bietet.

Zu Lebzeiten können wir wenig für uns tun, wenn Verlangen und Abneigung uns überwältigen. Dann sollten wir uns einer konventionellen und weniger anspruchsvollen Religion zuwenden. Wenn wir keine Zeit und keine Lust haben, regelmäßig zu meditieren, können wir uns wenigstens durch Beten ein wenig öffnen.

Auch einfache religiöse Praktiken können uns helfen. Anstatt uns von Gier und Abneigung beherrschen zu lassen, können wir etwas großzügiger zu anderen sein. Wir können versuchen, andere Menschen freundlicher zu behandeln, nicht auf unsere übliche aggressive Art. Wenn wir ein höheres spirituelles Wesen demütig um Hilfe bitten, haben wir wenigstens unsere Grenzen erkannt und wissen, daß wir uns ändern sollten.

So gesehen, haben selbst die einfachsten religiösen Praktiken ihren Wert, einerlei, wie naiv sie uns vorkommen mögen.

Die *Große Befreiung durch Zuhören* kann vielen spirituell Suchenden helfen, sich während des Prozesses, den wir sterben nennen, zu befreien. Fortgeschrittene können sich schon im Augenblick des Todes befreien und alle Zwischenstadien umgehen. Wer einige Erfahrung mit der Meditation hat, erkennt das strahlende Licht, das im Augenblick des Todes aufleuchtet, und wird dadurch befreit.

Weniger Fortgeschrittene durchschauen die Visionen der friedlichen und zornigen Gottheiten. Wer keine religiöse Ausbildung oder ein negatives Karma hat, kann selbst in der Phase vor der Wiedergeburt seinen Eintritt in eine Gebärmutter noch verhindern und sich vom Kreislauf der Existenzen befreien.

Selbst Menschen, die Tieren gleichen und schwere Sünden begangen haben, sind imstande, eine Wiedergeburt auf den unteren Ebenen zu verhindern und einen menschlichen Körper zu finden, in dem sie ein tugendsames Leben führen und den spirituellen Weg gehen können.

Darum müssen wir versuchen, jedem Verstorbenen zu helfen. Wenn der Leichnam vorhanden ist, liest der Helfer ihm diese Anleitungen immer wieder vor, bis Blut und Lymphe aus den Nasenlöchern des Toten sickern. So lange sollten die trauernden Angehörigen den Leichnam nicht bewegen oder stören.

Es lohnt sich auch, den Text schon zu Lebzeiten zu studieren und ihn sich einzuprägen. Vergessen Sie ihn selbst dann nicht, wenn sieben wilde Hunde Sie hetzen; dann können Sie sich im Bardo des Todes mit Sicherheit befreien!

•

Die *Große Befreiung durch Zuhören* ist vollendet. Möge sie allen von Nutzen sein, die sie lesen!

Die Phase vor der Wiedergeburt

Glossar

Allgütige Mutter (Samantabhadri) Die weibliche Verkörperung der ungeformten Schablone des reinen Bewußtseins und der höchsten Wirklichkeit.

Allgütiger Vater (Samantabhadra) Die männliche Verkörperung der strahlenden Energie des reinen Bewußtseins und der höchsten Wirklichkeit, die Urquelle aller Buddhas. Erscheint als einer der acht Bodhisattvas in friedlichen Visionen.

Anhaften Der Versuch des Ichs, sich an die Existenz oder an Erscheinungen zu klammern. Die Ursache ist der Irrglaube des Ichs, es sei real und dauerhaft.

Archetypische Gottheit (Yi-dam) Eine Verkörperung der Erleuchtung, zu der wir uns hingezogen fühlen und die sich als Schablone für das spirituelle Wachstum während der Meditation eignet.

Astralkörper Ein nicht-materieller Körper aus geistiger Energie, der im Traum, während der Meditation oder während des Sterbens erscheint.

Bodhisattva Ein spirituell hoch entwickeltes Wesen, das nach Erleuchtung strebt, um allen anderen Wesen zu helfen. Wie das geschieht, hängt von seiner Entwicklung ab.

Buddha-Ebene Einer der zahlreichen Orte im ganzen Universum, die von Buddhas geschaffen wurden und ideale Bedingungen für die spirituelle Entwicklung der dort Wiedergeborenen bieten.

Dakini Weibliche spirituelle Wesen, die meist etwas beängstigend aussehen. Sie helfen und beschützen jene auf dem Buddhaweg.

Elemente Die fundamentalen Kräfte, symbolisiert durch Erde, Wasser, Feuer, Wind und Raum. Ihnen verdanken wir Solidität, Zusammenhalt, Wärme, Bewegung und Ort.

Erleuchtung Die Vollkommenheit aller guten Eigenschaften und die vollständige Beseitigung aller negativen Emotionen und karmischen Spuren. Sie tritt ein, wenn ein Wesen zum Buddha wird.

Garuda Ein mythischer Vogel, der einem Adler gleicht.

Gedankenmuster Die geistigen Eindrücke, die Gedanken, Emotionen und Taten hinterlassen. Sie sind meist negativ und liefern die Energie für das Festhalten am Kreislauf der Existenzen.

Götter Eine der sechs Arten der Existenz, gekennzeichnet durch Stolz.

Göttinnen Eine der acht verkörperten Opfer. Sie erscheinen zusammen mit den acht Bodhisattvas in friedlichen Visionen.

Halbgötter Eine der sechs Ebenen der Existenz oder der Erfahrung. Ihre Kennzeichen sind Eifersucht und Neid.

Helden Die männlichen Gegenstücke der Dakinis.

Heruka Wörtlich «Bluttrinker». Zornige männliche Verkörperungen der Erleuchtung, die helfen, wenn ein Verstorbener nicht tugendhaft gelebt hat.

Hölle Eine der sechs Arten der Existenz oder der Erfahrung. Ihre Kennzeichen sind Wut und Haß.

Hungrige Geister Eine der sechs Arten der Existenz oder der Erfahrung, gekennzeichnet durch Geiz und Gier.

Ich Eine Konstruktion des nicht erleuchteten Geistes, die wir für real und dauerhaft halten. Sie ist der Brennpunkt der negativen Emotionen und Taten.

Karma Der Prozeß, der den Kreislauf der Wiedergeburten und des Todes in Gang hält. Karma wird traditionell definiert als Summe der Motive oder Absichten eines Menschen sowie der durch sie ausgelösten Taten. Das Tun ist meist negativ, obwohl es in begrenztem Umfang auch positiv sein kann.

Kontinuum der Wirklichkeit Die gesamte Wirklichkeit, in der ihr reiner, absoluter Aspekt (die Leere) und ihr unreiner, relativer Aspekt (die Erscheinungen) untrennbar enthalten sind.

Kreislauf der Existenzen oder der Wiedergeburten Der Zyklus der Geburten und des Todes, in dem unerleuchtete Wesen gefangen sind, weil ihr Karma sie dazu zwingt. Er besteht aus den sechs Arten der Existenz oder Erfahrung: Gottheiten, Halbgötter, Menschen, Tiere, hungrige Geister, Höllenwesen.

Leere Die wahre Natur der Dinge: Sie existieren nicht durch sich selbst. Ein Aspekt der ursprünglichen Wirklichkeit und des ursprünglichen Bewußtseins, symbolisiert von der allgütigen Mutter.

Mandala Das Universum als idealisierte spirituelle Ebene der Buddhas und ihres Gefolges; auch die graphische Darstellung dieser Idee.

Mantra Spezielle Worte oder Laute, die schützen, läutern oder die Meditation fördern.

Meditation Ein bewußt herbeigeführter Zustand des geistigen Friedens und der Ruhe, bei Fortgeschrittenen mit Visualisierung und Mantras verbunden.

Menschen Eine der sechs Arten der Existenz oder Erfahrung. Ihre Kennzeichen sind Anhaften und Lust.

Negative Emotionen Die sechs fundamentalen negativen Strategien, die das Ich anwendet, um die Illusion seiner Dauerhaftigkeit aufrechtzuerhalten: Dummheit, Anhaften, Haß, Eifersucht, Stolz und Selbstherrlichkeit sowie die vielen daraus abgeleiteten Emotionen.

Projektionen Der nicht erleuchtete Geist projiziert seine verzerrte Scheinwirklichkeit auf alles, was wir wahrnehmen.

Reiner Geist Der ursprüngliche Geist, der Aspekt der Wirklichkeit, der über ein Bewußtsein verfügt. Außerdem ein Ausdruck für die bereits vorhandene, aber verborgene Erleuchtung.

Strahlendes Licht Die innere Energie der Wirklichkeit (des reinen Bewußtseins), so wie sie sich dem Verstorbenen oder dem Meditierenden zuerst zeigt.

Tiere Eine der sechs Arten der Existenz oder Erfahrung. Ihr Kennzeichen ist die Dummheit.

Verklärter himmlischer Buddha Die Gestalt, in der ein erleuchtetes Wesen (das heißt ein Buddha) spirituell Fortgeschrittenen erscheint. Außerdem alle Buddhas, die dem Verstorbenen in friedlicher oder zorniger Gestalt erscheinen.

Vidyadhara Ein tantrischer Meister auf der menschlichen oder archetypischen Ebene.

Visualisierung Das während der Meditation geschaffene geistige Bild eines erleuchteten Wesens oder Archetypus, mit dem wir uns identifizieren, um ähnliche Eigenschaften zu erwerben.

Empfehlenswerte Literatur

Batchelor, Stephen,
Buddhismus für Ungläubige,
Frankfurt a. M. 1998.

Bitter, Klaus,
Konversionen zum tibetischen Buddhismus. Eine Analyse religiöser Biographien,
Göttingen 1988.

Choedrak, Tenzin,
Der Palast des Regenbogens,
Frankfurt a. M. 1999.

Dalai Lama XIV,
Das Auge der Weisheit. Grundzüge der buddhistischen Lehre für den westlichen Leser,
Bern, München 1975.

Dalai Lama XIV,
Das Buch der Freiheit,
Bergisch-Gladbach 1990.

Dalai Lama XIV,
Tibet – Ort der Götter, Land der Tränen,
Freiburg 1998.

Dalai Lama XIV,
Frieden für die Welt – Frieden für Tibet,
Hamburg 1993.

Dargyay, E. und G. Lobsang,
Das Tibetanische Buch der Toten,
München 1983.

Dowman, Keith,
Die Meister des Mahamudra – Leben, Legenden und Lieder der 84 Erleuchteten,
München 1991.

Dowman, Keith,
Der Flug des Garuda,
Berlin 1994.

du – Die Zeitschrift der Kultur: 7/95:
Tibet. Der lange Weg,
Zürich 1995.

Farrer-Halls, Gill,
Die Welt des Dalai Lama.
Neuhausen am Rheinfall 1999.

Foster, Barbara/Foster, Michael,
Alexandra David-Neel – Die Frau, die das verbotene Tibet entdeckte,
Freiburg 1999.

Govinda, Lama Anagarika,
Grundlagen tibetischer Mystik,
München 1984.

Govinda, Anagarika,
Der Weg der weißen Wolken,
München 1975.

Gyatso, Palden,
Ich, Palden Gyatso, Mönch aus Tibet,
Bergisch-Gladbach 2000.

Gyatso, Tenzin,
S. H. der Dalai Lama, 1984.

Gyatso, Tenzin,
S. H. der Dalai Lama, 1991.

Hedin, Sven,
Abenteuer in Tibet, 1995.

Ngakpa, Chögyam Rinpoche,
Reise in den inneren Raum,
Paderborn 1990.

Rabten, Geshe,
Mahamudra,
Zürich 1984.

Rabten, Geshe,
Schatz des Dharma,
München 1997.

Saalfrank, Eva,
Der Buddha und das Rad der Lehre,
Ulm 1997.

Sogyal Rinpoche,
Das tibetische Buch vom Leben und Sterben,
München 1999.

Tibetisches Zentrum (Hrsg.),
Buddhismus in Tibet
Der tibetische Buddhismus in seiner historischen und kulturellen Entwicklung,
Hamburg 1994.

Trungpa, Chogyam,
Spirituellen Materialismus durchschneiden,
Berlin 1993.

Trungpa, Chogyam,
Der Mythos Freiheit und der Weg der Meditation,
Berlin 1996.

Tsogyal, Yeshe,
Der Lotosgeborene im Land des Schnees,
Frankfurt a.M. 1996.

Wangchug, Dorje Karmapa,
Das Diamantlicht des gewöhnlichen Geistes,
Wien 1989.

NÜTZLICHE ANSCHRIFTEN

DEUTSCHLAND

Tibetisches Zentrum e.V.
Hermann-Balk-Str. 106
22147 Hamburg
Tel.: 040/644 35 85

Buddhistische Gesellschaft
Hamburg e.V.
Beisserstr. 23, 22337 Hamburg
Tel.: 040/631 36 96

Vajradhatu-Stadtzentrum Karma Dzong
Zwetschenweg 23, 35037 Marburg
Tel.: 0 64 21/3 42 44

Mahamudra-Retreat-Zentrum
Auf den Kappen 7
51570 Windeck-Halscheid
Tel.: 0 22 92/74 38

Kamalashila Institut für
Buddhistische Studien
Schloß Wachendorf
53894 Mechernich
Tel.: 0 22 56/8 50

Waldhaus am Laacher See
Heimschule 1, 56645 Nichenich
Tel.: 0 26 36/33 44

Buddhistischer Kreis Stuttgart e.V.
Geschäftsstelle, Glockenblumenstr. 9
70563 Stuttgart
Tel.: 07 11/73 42 56

Yogacara
Hindenburgstr. 54
74924 Neckarbischofsheim
Tel.: 0 72 63/67 04

Karma Dhagpo Gyurme Ling
Wallmenichstr. 2, 81369 München
Tel.: 089/71 76 96

Buddha-Haus Meditations- und
Studien-Zentrum e.V., Uttenbühl 5
87466 Oy-Mittelberg
Tel.: 0 83 76/5 02

Buddhistisches Zentrum Chödzong
Hauptstr. 19
91474 Langenfeld
Tel.: 0 91 64/3 20

ÖSTERREICH

Theravada-Schule Wien in der
Österreichischen Buddhistischen
Religionsgemeinschaft
Fleischmarkt 16
1011 Wien
Tel.: 01/52 37 19

Buddhistisches Zentrum Scheibbs
Ginselberg 12
3270 Scheibbs/Neustift
Tel.: 0 74 82/4 24 12

Letzehof Tashi Rabten
6800 Feldkirch
Tel.: 0 55 22/7 41 92

SCHWEIZ

Dhammapala-Kloster
Am Waldrand, 3718 Kandersteg,
Tel.: 033/75 21 00

Tibet-Institut
Wildbergstr., 8486 Rikon im Tösstal
Tel.: 052/383 17 29

Danksagungen

Der Verlag dankt folgenden Personen und Institutionen für die Erlaubnis, Copyright-Material abzudrucken:

Eye Ubiquitous, Shoreham, Sussex:
Bennett Dean: S. 9, 14, 19, 28, 35, 37, 44, 45, 50, 52, 53, 62, 65, 76, 77, 78, 80, 82, 88, 91, 93, 104, 107, 125, 128, 129, 132, 134
Chris Gibb: S. 40
Adrian Girrou: S. 10
Tim Hawkins: S. 33
Sean Holmes: S. 61
L. Johnstone: S. 69
Tony Jones: S. 46
Bruce Low: S. 13
Sue Passmore: S. 30
Bryan Pickering: S. 32
Tim Page: S. 67, 89
Damien Pet: S. 95
Pam Smith: S. 70
Julia Waterlow: S. 2/3, 6/7, 8, 11, 12, 18, 20, 21, 24/35, 27, 34, 36, 38/39, 42, 47, 48, 49, 55, 58, 59, 60, 64, 66, 71, 74/75, 79, 83, 86, 87, 90, 94, 96, 99, 101, 103, 105, 112, 113, 114, 116/117, 117, 118, 121, 123, 127, 130, 131, 136/137

James Davis Travel Photography, Shoreham, Sussex:
S. 56/57, 75, 81, 84/85, 106, 119, 120, 126, 135

The Bridgeman Art Library/Oriental Museum Durham:
S. 43, 114

The Stock Market, London: S. 17, 23, 29, 31, 38, 41, 51, 54, 63, 97, 98, 10, 102, 108, 109, 110/111, 122/123, 124